U0106754

中國古代建築小史

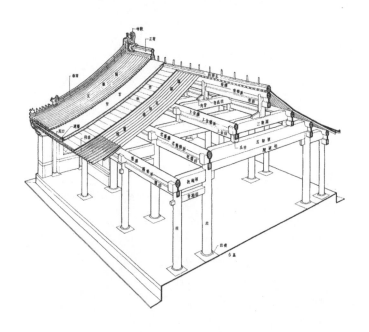

中國古代建築小史

孫大章 著

前　言

　　中國比較正規的建築史學研究，若自 1930 年國內最早的
建築歷史研究團體"中國營造學社"成立之日算起，迄今已有
八十餘年。其間，經國內各地學者潛心研究，多方努力，已
取得了可觀的成績；在中國科學技術史的諸門類中，建築史研
究可說是處於領先地位，其社會作用也日益增大，但建築史
的社會效用問題卻不能一下就能被人們認識到。

　　《中國營造學社緣起》曾提到："中國之營造學，在歷
史上，在美術上，皆有歷劫不磨之價值，…… 非依科學之
眼光，作有系統之研究，不能與世界學術名家，公開討
論，…… 深懼文物淪胥，傳述漸替，…… 糾合同志若而人，
相與商略義例，分別部居，庶幾絕學大昌，羣材致用。"其核
心思想即是挽救國粹，發揚傳統，對建築史的社會作用並未
詳細研討。中華人民共和國建立初期受蘇聯文學的藝術理論
影響，提倡社會主義時代的藝術應該具有"民族的形式、社會
主義的內容"。因此，學習中國建築歷史成為創造中國建築的
民族形式的直接目的。其後有的同志提出學習建築史，認識
祖國建築成就，這可以啟發愛國熱情，增強民族自信心，具

有積極的思想教育作用。20 世紀 60 年代時，學術界亦提出過"學習與研究建築史，是為了從建築發展的歷史過程中引出建築發展的客觀規律，總結過去建築創作的技術、技巧及多種多樣的形式處理經驗，以培養正確的建築學術觀點，提高建築理論修養和創作技巧"，即從更深一層的意義上發揮學習歷史的作用。多年來，這些觀點都在不同程度上影響著、推動著建築歷史的研究工作。

若以較高的要求考察建築史的研究工作，與達到"學以致用"的目的尚有距離。一則是客觀上有困難，如建築史基礎史料尚待進一步發掘，研究的後備力量尚嫌不足，建築史學科牽涉的範圍太廣等等；但另一方面，在史學作用的認識上存在不同看法，亦為重要原因之一。

"古為今用"的道理人人贊成，但如何達到"今用"的目的卻看法不一。20 世紀 50 年代中把具體歷史形式簡單機械地作為新建築的民族形式加以引用，實為當時的建設工作幫了倒忙。社會條件不同了，歷史形式不能簡單地再現，對於已經成為過去的事，唯有從總結經驗入手，得其精髓，才能收參借之功。即由現象到規律，由具象到抽象，由靜止到變化，由實到虛，將歷史經驗上升到本質性認識，才會潛移默化地影響人們的思維活動，反過來促進當前的工作。這樣的理解可能是一條曲折的道路，可能也是史學"今用"所需要的特殊道路。在這本"史話"論述中，希望朝這方面努力，效果如何，還有待實踐的驗證。

　　歷來治史的表達方式並非一途，各有所長。以社會歷史的通史著作為例，有的以人為綱進行論述，如以《史記》為代表的"二十四史"巨著，該體例稱之為紀傳體。歷朝的帝、王、將、相皆有紀傳，每個人在歷史上的功過、作用，記敘清楚，一目了然。帝相為政，賢哲做人，皆可借鑒。有的史書以時間順序為線進行敘述，如《資治通鑒》等，稱之為編年體史書。社會歷史的興衰嬗替，條清目楚，人事交敘，相互補充，時代脈絡非常明顯，而且這類史書在查找資料方面也非常便利。再有的史書以事為體，如《宋史紀事本末》等書，稱之為紀事本末體史書，記敘中不分人、時，而以重要歷史事件發展的始末緣由為敘史之本。不求羅列所有歷史事實與人物，而把一代王朝有重要歷史價值的事件中的經驗、教訓提煉出來，使讀史者可有所借鑒。

近年來有關建築史的著作亦有不少體例，除了地區性的、類型性的、遊記性的或辭書性的書籍以外，通史體例的有：

1980 年由中國建築科學研究院建築歷史研究所組織編寫、由劉敦楨教授擔任主編的《中國古代建築史》。這是一本按時代劃分為七個歷史時期的建築史書，對每個歷史時期的各類建築活動及遺存實例都進行了敍述及分析，以期使讀者建立起時代概念。這本書雖不是按逐年排列方式進行編寫，但總的來說，應列入編年體史書的範疇。

1982 年，為適應教學需要，由中國幾所高等院校的建築系共同編寫了一部《中國建築史》教材課本，其中古代建築史部分除概況外，其餘各章節是按城市、宮殿、壇廟、陵墓、宗教建築、住宅、園林等建築類型進行編寫的。每一種類型的基本情況、歷史演變等皆詳盡闡述，給讀者建立起有關該類型建築的縱向概念，應該說是一種紀傳體的寫法。

1985 年出版的《中國建築技術史》是按工種類別分類編

寫的，這種編寫方式雖非以人物為綱，卻是以類型、類別為則，從體例上應該歸入紀傳體之列。

1999 年由中國藝術研究院組織編寫的《中國建築藝術史》，是以朝代為綱、以類型為細目編寫的，在寫法上屬於編年與紀傳相結合。

2003 年出版的《中國古代建築史》五卷集，是由東南大學、清華大學及中國建築科學研究院建築歷史研究所的學者共同編寫的。該書的資料已經極大地豐富了相關研究，觀點亦有所發展，是目前研究較為深入的建築史學論著。該書是按漢代以前、南北朝及隋唐、宋遼金、元明、清代五卷分述的，但每卷內的章節仍按建築類型論述，也是採用編年與紀傳相結合的寫法。

各類編寫方式皆有利弊，為了探索新的求知途徑，不妨採取記事本末的方法，以歷史事件為線索，採用"史話"的形式編寫建築歷史。這樣做可讓初學者直接登堂入室，不必在"史料學"上兜圈子，將作者的心得與讀者的感受直接掛起鉤來。這類寫法往往較多趣味性，使讀者免去"苦讀"的壓力，亦可能更有利於達到尋求歷史規律、借鑒歷史經驗的目的。這本書擬本著這種想法去努力，但作為嘗試，其中謬誤之處定不會少，懇希廣大讀者批評指正。

孫大章

目錄

中國有文字記載的歷史約四千年，而中國建築的歷史要比史書記錄的年代古遠得多。它經歷過曲折的道路，同時又不斷革新，不斷發展。按照它自身的特點和規律，其發展過程可以大致分為原始社會時期、奴隸社會時期、封建社會早期、封建社會中期、封建社會晚期這五個歷史階段。

1

中國古代建築的
歷史分期和演變

中國幅員遼闊、人口眾多、歷史悠久，創造了高度的物質文明和豐富鮮明的文化傳統。千百年來生活、蕃息在這塊富饒土地上的勞動人民，就像創造各種璀璨古代文化一樣，也創造了風格獨特、成就突出的建築藝術。歷來研究建築史的學者都把中國古代建築列為東方四大建築體系之一。古代亞述、巴比倫建築為西亞古代建築體系，負有盛名的空中花園、薩艮王宮等優秀建築可稱為一代奇蹟。可惜這個體系早已湮滅。南亞地區的印度系建築亦有漫長的歷史，受婆羅門教、佛教傳佈的影響，產生過不少如桑吉大塔、阿旃陀石窟等雄偉的宗教建築。流風所被，影響遠及斯里蘭卡、緬甸、南洋羣島等地，但後來這個建築體系被西亞的伊斯蘭教建築所隔斷，沒有持續發展下去。西亞後起的伊斯蘭教建築體系，遍佈歐、亞、非三洲，成為中世紀建築歷史上的重要角色。但歷史最悠久、風格最統一、特點最顯著者，莫過於東亞的中國建築體系。日本、朝鮮、中南半島的建築都長期穩定地融合在這個體系之中，至今它還蘊藏著生機，為創造中國未來的建築形式提供了有益的營養。

　　中國有文字記載的歷史約四千年，而中國建築的歷史要比史書記錄的年代古遠得多。它經歷過曲折的道路，同時又不斷革新，不斷發展。按照它自身的特點和規律，其發展過程可以大致分為五個歷史階段：

原始社會時期

大約從六十萬年以前開始至公元前 21 世紀止，經歷了漫長的時光。在原始社會中，人類曾經歷過原始人羣、母系氏族社會、父系氏族社會三個發展階段。中華人民共和國成立以來，大量的考古發掘工作已經揭示出這三個社會發展階段的基本面貌。當時的人類過著共同勞動、共同分配和消費的原始共產的社會生活。初期的社會生產為採集野生植物，以後發展為漁獵以及原始農業。使用的生產工具為石器，並經過了舊石器（打擊形成的石器）和新石器（磨製出來的石器）兩個階段，有石斧、石鑿、石鏟、石刀、石箭鏃等類型的工具。同時也有少量骨器。生活用具主要為陶器。

原始人羣時期，人類尚不能大規模地改造自然，只能利用自然條件解決居住問題，多選擇近水、近獵場的山洞居住。例如，四十萬到五十萬年前生活在北京周口店一帶的北京猿人，即曾集體居住在天然山洞裏（圖 1）。原始人羣居住的山洞在河南、遼寧、湖北、浙江等地皆有發現，說明洞居是一種普遍現象。據文獻記載，在南方潮濕、多猛獸的地區，原始人羣也可能居住在樹上。

距今四萬年左右，中國原始社會逐漸進入母系氏族公社時期。到了六七千年前，中國母系氏族公社發展到了興盛階段，農業生產使人們定居下來，選擇土層厚實的黃土地區挖掘橫穴或豎穴，用木材構築簡單的屋頂，作為居住的地方，

圖 1：北京周口店原始人洞穴

並且形成村落。從此開始了人類有目的的營造活動，再也不
受天然洞窟的局限，穴居提高了原始人羣擇居的自由度。由
於黃河流域所處的有利自然條件，原始氏族村落大量地在這
些地方湧現出來。例如陝西西安市附近的半坡遺址（圖 2）、

圖 2：陝西西安半坡遺址

陝西臨潼的姜寨遺址等，都是典型的原始氏族村落。

　　約在五千年前，中國黃河、長江流域一帶的母系氏族公社先後進入父系氏族公社階段。居住建築有的已經完全建立在地面上，形成了真正意義上的居住建築。除了圓形、方形以外，還有"呂"字形平面以及三至五間房連在一起的形式。在中國的其他地區，由於地理和氣候條件的不同，也出現了許多不同結構的房屋。如南方湖濱地區有在密集的木樁上構築的房屋，江西一帶有脊長簷短、呈倒梯形屋頂的房屋，內蒙古地區有用石塊砌成的圓形小房等。

中國北部地區房屋的結構，基本上是採用木構件互相搭接，以繩或藤條綁紮的方法固定的。屋頂為草泥頂，牆壁多為木骨泥牆。南方地區也出現了原始的榫卯技術。

奴隸社會時期

從公元前 21 世紀至公元前 476 年，前後經歷了約一千六百年。按照古代傳說，從夏代開始，中國進入了財產私有、王位世襲、大量使用奴隸勞動的階級社會。夏代的創始者 —— 禹動用了巨大的勞力整理河道，防治洪水，挖掘溝洫進行灌溉，修建城郭、陂池、宮室。目前考古工作者正在對可能屬於夏代的幾處建築遺址進行發掘，進一步探索夏代文化。

公元前 17 世紀的商代已經進入奴隸社會成熟階段，統治者役使大批奴隸，創造了燦爛的青銅文化。石器所具備的工具類型都已被青銅器所代替。根據某些建築跡象推測，這個時期可能已經出現鋸子。商代國都築有高大的城牆，城內修建了大規模的宮室建築羣，以及苑囿、台池等。從河南偃師二里頭早商宮殿遺址、湖北黃陂盤龍城商代中期宮殿遺址等實例中，可以看出建築技術水平有了很大提高，並設計出了具有規整結構系統的大建築物。奴隸主階級根據 "尊神事鬼" 的迷信思想，在死後都要建造工程浩大的墓葬。在河南安陽小屯村商代晚期都城遺址中發現有大規模的宮殿、宗廟建築區，還在陵墓區內發現了十幾處大墓，墓內有數以百計的人殉。墓穴深入地下達 13 米（圖 3）。夯土與版築技術是當時的一項創造，廣泛用來築城牆、高台及建築物的台基。土和木兩種材料成為中國古代建築工程的主要材料。"土木之功"成為巨大建築工程的代名詞。

公元前 11 世紀建立的周朝，實行分封制度，在全國各地建立了以許多王族和貴族為首領的諸侯國，建築活動比前代更多。從陝西岐山西周早期建築遺址的發掘中，可以看出當時宮殿建築已經形成了"前朝後寢"以及門廊制度。個體建築平面中柱列整齊，開間勻稱。西周時代開始製作陶瓦，改善

圖 3：河南安陽小屯村殷墟武官村大墓

了屋面構造。

延至公元前 770 年的春秋時期，社會財富不斷集中在城市，對建築提出了更高的使用要求。文獻中記載著"山節藻棁""丹楹""采椽""刻桷"等對建築外觀描述的文字，說明當時已經產生了在建築物中使用彩繪及雕刻等手段進行裝飾美化的新趨向。

封建社會早期

早期封建社會大約自戰國時代開始，至南北朝時代結束，即公元前 475 年至公元 581 年，經一千餘年的歷史。這個時期是中國封建社會逐步確立新的生產關係的時期，也是中國封建社會政治局面由第一次大統一到大分裂的時期。生產工具已經進入鐵器時代，至漢代業已完成了鐵器代替青銅器的改革。木構架建築體系亦形成初級形態。

戰國時代各國的都城以及商業城市空前繁榮，如齊的臨淄、趙的邯鄲、周的成周、魏的大梁、楚的鄢郢、韓的宜陽都是當時人口眾多、工商薈集的大城。城市內分佈著宮殿、官署、手工業作坊及市場。戰國時代開始流行建造高台建築，各國統治者都以"高台榭，美宮室"來誇耀自己的財富與權勢，在政治上"以鳴得意"。

公元前 221 年，秦始皇滅六國，建立中國歷史上第一個中央集權的帝國，在貫徹一系列政治措施的同時，也開始了更大規模的建築活動：修馳道，開鴻溝，鑿靈渠，築長城。為了滿足窮奢極欲的生活需要，徵發七十餘萬刑徒修建龐大奢華的阿房宮和驪山陵，還集中了全國的巧匠良材，依原有形式仿造六國宮殿，並將它們集中修建在咸陽北面的高地上。僅在首都附近 200 里內就修建了兩百七十處離宮別館。沉重的勞役和殘酷的剝削激起了農民的反抗與起義，結束了歷時僅十五年的秦王朝的統治。

繼秦而起統一中國的西漢（前 206 — 8 年）和東漢（25 — 220 年）進一步發展了封建經濟，都城的規模更加宏闊。漢長安城（今陝西西安）內的未央宮和長樂宮都是周圍 10 公里左右的大建築羣，城內貫通南北的大街長達 5.5 公里，街寬 50 米。漢代陵墓規制亦有變化。東漢以後地下墓室大量採用磚石結構，代替了木槨墓室，以求耐久。遺存至今的漢墓石闕以及墓中殉葬的陶製明器和墓壁裝飾用的畫像磚、畫像石和壁畫，都直接或間接反映出漢代建築的豐富形象（圖 4）。

兩漢時期是中國封建社會經濟發展的第一個高潮，建築的技術與藝術也呈現出劃時代的變化。木構技術進一步提高，不僅應用於單層房屋，而且開始用於建造樓閣建築。建築屋頂形式多樣化，出現了五種基本形式 —— 廡殿（四面坡的屋頂）、懸山（兩面坡的屋頂）、囤頂（弧形的屋頂）、攢尖（坡頂攢聚在中心點的屋頂）以及折線式的歇山頂（山面是懸山加披簷的屋頂）。磚、石及石灰的用量較前增多。用於

圖4：四川綿陽平陽府君闕

墓室中的空心磚長達 1.5 米，砌築拱券用的型磚有小磚、楔形磚、子母磚等多種類型。

　　三國、兩晉、南北朝時期是中國社會歷史上的動亂時期，由於連年爭戰，人民生活極端痛苦，人民企圖從宗教信仰中獲得精神上的解脫。因此，自東漢以來傳入中國的佛教逐漸興盛，建寺立塔，成為當時建築活動的重要內容，在北魏統治區域內即建築了佛寺三萬多座。《洛陽伽藍記》中所記載的永寧寺即是洛陽城內一座規模宏大的寺院，寺內木塔高

圖 5：山西大同雲岡第十窟前室西壁

達九層，"去京師百里，已遙見之"。這座高大的木構建築足以證明當時建築水平之高。此外，還建造了大量的石窟寺。現存的山西大同雲岡（圖 5）、河南洛陽龍門、甘肅敦煌莫高窟、甘肅天水麥積山、山西太原天龍山、河北邯鄲響堂山都是當時著名的大窟。石工們以極為準確而細緻的手法，不僅雕鑿了巨大的佛像，還在簷廊、窟壁上留下不少有關建築的形象，可作為我們了解這時期建築狀況的參借。

封建社會中期

約自隋代開始，歷經唐宋，以迄遼、金、元時代，即從公元 581 年至 1368 年，歷時近八百年的時間。這個時期中國封建社會進入第二次大統一，後又陷入分裂的局面。這一時期的封建生產關係得到進一步調整，建築技術更為成熟，木結構房屋已有科學的設計方法，施工組織和管理方面更加嚴密。值得慶幸的是至今尚遺留著大量的古建築實物，可作為分析研究當時建築發展情況的例證。

隋朝時期，開鑿了南起杭州，北達涿郡（今北京），貫通南北、長達 1794 公里的大運河，並在長安、洛陽、江都（今江蘇揚州）等地建造大批奢華的宮殿苑囿。但不久以後，它就被中國歷史上一個新的輝煌燦爛的朝代 —— 唐朝所代替。

唐代手工業和商業高度發展，內陸和沿海城市空前繁榮，作為政治、經濟、文化水平的綜合反映，唐代建築也顯現了新的突出成就。唐初即在隋代大興城的基礎上建造了當時世界上最大、規劃最嚴密的都城 —— 長安城（今陝西西安）：在八千餘公頃的土地上有計劃地統一佈置宮殿、衙署、坊里、市場、廟宇、綠化、水道與道路等建築與設施，道路系統是方直的方格網系統，主次分明、建築形象宏偉富麗，是中國城市規劃中的 "里坊制" 的成熟階段。據文獻記載，在洛陽建造的明堂（即萬象神宮）和天堂，也是規模宏巨的建築物。現存山西五台山的南禪寺大殿和佛光寺大殿都是優秀的唐代建築。佛光寺大殿是一座七開間的大殿堂，斗栱與樑架結合緊密，歷經千年，巍然屹立，表現出唐代木構技術的高度水平（圖6）。此外在佛塔、陵墓、橋樑方面亦有優異的創造。唐代建築成就不僅促進了中原地區建築的繁榮，而且流風四被，影響到新疆、西藏、黑龍江等邊遠地區。

北宋時期手工業十分發達，在製瓷、造紙、紡織、印刷、造船等方面都取得了新的進步，商業活動亦發展很快。

圖6：山西五台山佛光寺大殿

首都汴梁（今河南開封）不僅是一個政治中心，也是一個商業城市。千餘年來在城市之內用高牆封閉起來的居住里坊，以及貿易必須在集中的市場內進行的制度被打破了 —— 拆除了坊牆，取消了夜禁，沿街設店，按行業成街；還湧現出大量的茶樓、酒店、旅館、戲棚等公共建築，新的城市生活給城市帶來嶄新的面貌。這個時期的建築藝術形象由於琉璃、彩畫和“小木作”裝修技巧的提高而豐富多彩起來。在一些重要建築物上使用各色的琉璃瓦和貼面磚。室內外的木構件上普遍塗飾彩色油漆，僅官式彩畫在北宋時期即已有了五種標準格式，分別代表了五種不同等級的建築。中國古代席地而坐的生活習慣，歷經唐代的改革，至宋代已完全被踞坐所更替，室內家具由低矮的榻案變為較高的桌椅凳。門窗普遍由固定的直欞窗，改為可開啟的格扇門窗，並配以多種多樣的毬文、菱花紋的窗欞格。整個宋代建築風格呈現出華麗纖巧的面貌。而北方的遼王朝卻較多地繼承了唐代傳統，著名的應縣木塔和薊縣獨樂寺觀音閣等大建築，都還保留著結構謹嚴、氣勢豪放的風格（圖7、圖8）。在建築方面，北宋還為後世留下了一部工程技術專著，就是1103年出版的《營造法式》。它是由李誡主持編修的一部國家建築規範書籍，書中詳列了十三個工種的設計原則和有關模數，以及加工製造的方法、工料定額和設計圖樣。這部書可稱作是封建社會中期建築技術的一個總結。

圖 7：天津薊縣獨樂寺觀音閣

　　元代蒙古族統治者在統一中國以後，充分利用宗教作為統治工具，尤其是喇嘛教佔有特殊的地位。中原地區普遍興建喇嘛寺廟以及西藏式的瓶式塔，俗稱喇嘛塔，並在建築裝飾藝術中加入了許多外來元素。但從整體來看，元代的建築仍然沿著漢族幾千年的傳統發展著。

圖 8：天津薊縣獨樂寺觀音閣內景

封建社會晚期

這個時期相當於明、清兩代，自公元 1368 年至 1840 年鴉片戰爭時止，近五百年間農業、手工業的發展達到了封建社會的最高水平。在政治上體現了封建社會最後一次大統一的局面，也是中國多民族國家進一步發展、融合、鞏固的新階段。在建築技術和藝術普遍發展的基礎上，造園藝術和裝飾藝術獲得更為突出的成就。

明代北京城是在元代大都城的基礎上進行改建、擴建而成的。城市中心是輝煌富麗的紫禁城（宮城）。古代文獻中以宮室為中心的都城規劃思想，在這裏得到了最完整的體現，並形成了一條貫穿全城、長達 8 公里的中軸線，線上設置了城門、廣場、樓闕、宮殿、山峰、亭閣，高低錯落，抑揚開合，佈局嚴整，氣勢雄偉，建築羣體佈局藝術可稱臻於高峰（圖 9）。明代帝王陵墓選擇在北京的昌平區境內，羣山環抱，雙峪對峙，谷內因山就勢佈置了十三座陵墓，長達 7 公里的神道作為墓羣的脊幹，建築羣與地形環境相結合，在創造肅穆陵園氣氛上體現出了高度成熟的建築藝術技巧。明代製磚生產迅速提高，普遍將各地城牆包砌城磚，並應用磚拱券結構建造了不少稱為 "無樑殿" 的大殿屋。這個時期還建設了沿海衛所城市，進一步修整了馳名世界的萬里長城。

1644 年建立的清朝，基本上沿襲了明代的政治體制和文化生活，在建築發展上也是一脈相承，沒有明顯差別。清代

圖9：北京正陽門城樓及箭樓

建築藝術發展的劃時代成就表現在造園藝術方面。在二百餘年間，皇帝們在北京西郊風景區建設了暢春園、圓明園、萬壽山清漪園、玉泉山靜明園、香山靜宜園等一大批園林，合稱"三山五園"，並在城內原來明代西苑的基礎上整修了"三海"（北海、中海和南海）。康熙、乾隆時期出於政治原因，在長城以外的承德地區，建設了規模龐大的避暑山莊。自明代開始，富商巨宦又在江南魚米之鄉的蘇州、杭州、無錫、揚州一帶營建私家園林。這期間造園之盛，史無前例。這些園林創造中所體現的多種藝術構思和意境，充分反映了中國山水園的藝術特點，在世界造園藝術中獨樹一幟。

清代繼續利用宗教作為統治的輔助手段，在全國各地廣泛建築喇嘛廟寺院，如西藏的哲蚌寺、色拉寺、甘丹寺、札什倫布寺，青海塔爾寺，甘肅拉卜楞寺，都是著名的大寺院，被稱為藏傳佛教的六大寺院。拉薩的布達拉宮建於17世紀初，它是達賴喇嘛居住的宮城，又兼有佛殿及靈塔殿等宗教建築。它修在山頂上，峻峭挺拔，與山峰連為一體，創造出雄偉獨特的建築造型（圖10）。康熙、乾隆時期在承德避暑山莊周圍建造了十一座寺院，合稱為外八廟建築羣，這些建築廣泛吸收了藏、蒙、漢各民族的建築風格，將其融於一體，再創造出新穎的形象。

清代木構建築中大量應用包鑲拼合木料，用小料拼合成大料，為創造體量巨大的建築開闢了新的途徑。燒製琉璃、玻璃技術有了新的提高。這個時期，各種精巧的工藝美術技術對建築裝飾產生了特別深刻的影響。鎏金、貼金、鑲嵌、絲織、雕刻、磨漆等特殊技術，再配以傳統的彩畫、琉璃、粉刷、裝裱等各項手法，將古代建築裝扮得更加五彩繽紛、綺麗多姿。

圖 10：西藏拉薩
布達拉宮

　　1840 年中英鴉片戰爭爆發，宣告了中國封建制度的末日。中國從此轉入半封建、半殖民地社會，中國建築的發展也就開始了新的篇章。

穴 居及巢居分別是中國上古時代北方、南方的原始居住形式，而它們也分別演化出了抬樑式、穿斗式這兩種中國古代建築最普遍的建築形式。半坡及姜寨是中國原始社會最有代表性的居住遺址，其建築佈置形式已經明確反映出當時社會生活的特色。

2

半坡及姜寨

兩種原始的居住形式

中國古老的《易經》的《繫辭》中記載："上古穴居而野處。"《禮記》一書中也記載："昔者先王未有宮室，冬則居營窟，夏則居橧巢。"這兩段記載反映了原始人類在生產力極為低下的情況下，受獸洞、鳥巢的啟發，採用兩種最簡單的構造方式建造住屋，即"穴居"和"巢居"，而後豐富而神奇的建築技術正是在這種簡樸的構造形式基礎上發展而來的。巢居是以一根或多根樹木為基幹，上面搭接架木、棚屋而成，人類居住在上面，以木梯上下，可防猛獸的侵襲。至今在農田或果園中的看守人小屋尚採用類似巢居的構造。為了適應漁獵及農牧生產的需要，人類的居住點不能只依附於樹木，必須在生產活動附近自由地選擇居住點，為此，創造了類似巢居的"干闌"式建築。干闌是一種由木柱架起的木構房屋。居住生活在上層，以避免土地潮濕及蟲獸的侵擾；而下層木柱間不作生活空間使用，或僅作飼養牲畜之處。在中國西南各省農村中，干闌式建築仍在普遍應用。許多太平洋沿岸的國家，也廣泛建造干闌式房屋，說明該種建築構造有世界共通性。20世紀70年代，在浙江餘姚縣的河姆渡村發現一處新石器時代居住遺址，除了出土大量陶器、骨器、石器以外，尚發現大量帶有榫卯的木構件，以及栽入地下的椿木（圖11）。根據遺址地勢低，居住範圍內沒有發現堅硬的居住地面，而大量散佈著橡子殼、菱角殼、魚骨、獸骨等食餘棄物，依據

圖 11：浙江餘姚河姆渡出土的新石器時代木構件

遺址地段的椿木附近尚遺存有樑柱構件等情況分析，這處遺址可能為干欄式的建築。即是說這類建築在六千年前已出現在中國長江流域了。

穴居是通行於中國北方乾旱寒冷地區的一種古老居住方式。最早出現的應該是依靠陡崖土壁挖掘出的橫向的水平穴，即橫穴。至今在河南、山西、陝西等地通行的窯洞建築，正是橫穴的繼承和發展。原始人類為了擺脫橫穴必須靠陡崖才能挖掘的局限，開始在平地上經營豎穴，向地下挖深數尺，口小底大，形如袋狀，又稱“袋穴”，穴上口以樹枝編織成頂蓋以禦風雨（圖 12），實為沒有獨立牆體的空間。由於出入不便和地面比較潮濕等原因，豎穴逐漸變淺，成為具有明顯屋頂的有半截牆體的半穴居，最後演變成為完全建立在地面上，具有台基、牆壁、屋頂形式的房屋。

結合具體的地理環境，穴居、巢居這兩種原始居住形式分別是中國北方、南方的地區居屋形式，並有著各自的結構

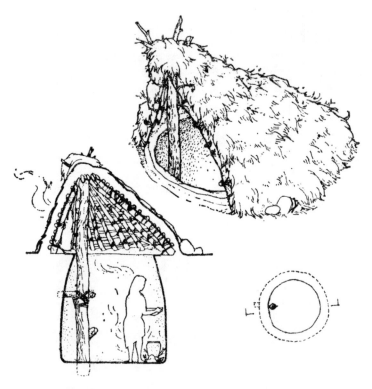

圖 12：河南偃師湯泉溝新石器時期穴居遺址復原圖（《考古學報》1975 年 1 期）

和構造方法。由穴居演進而形成的屋架構造多用綁紮方法，並據此發展成為通行於北方的柱樑頂托、層樑疊置的抬樑式結構形式；而由巢居演變形成的建築，除在個別竹構房屋中使用綁紮方法外，大部分木構已經使用簡單榫卯技術，並演進成為通行於南方各地的穿斗式結構形式。

半坡遺址

　　原始社會的穴居遺址在黃河流域的山東、河南、山西、陝西等省皆有發現。橫穴遺址至今僅發現數處，分佈在山西、寧夏、甘肅等地，皆已殘破。原因是這類穴居往往因黃土塌陷而破壞了穴形，無法辨認出其頂部構造，估計為券頂，加上簡單的木柱支承。已發現的穴居遺址中，絕大部分為豎穴，深 2~3 米，底大口小，呈袋狀。這些遺址多為單個或數個洞穴的組羣。從遺址內容構成上看，還不具備居民點的規模，即原始社會初期尚無長期固定的居住地。

　　首先發現的完整的原始社會居民點當屬陝西西安半坡村遺址。這是一處由半穴居和地面房屋組成的新石器時代仰韶文化的居住遺址。東西最寬處約 190 米，南北最長處約 300 米，總面積五萬餘平方米。它選擇在滻河東岸的台地上，既便於取水，又免受洪水氾濫的衝擊。居住地點有明確的三個分區：居住、陶窰製作和墓葬。居住區約佔 3 萬平方米，從已發掘的居住區內發現了四十餘座方形或圓形的建築，邊長或直徑 4 米左右，安排有序。在這個居住區的中心部分，有一座規模相當大的方形房屋，平面尺寸為 12.5 米 ×14 米，內部有四根立柱支撐屋頂，並劃分出幾個小室（圖 13、圖 14）。據民族學材料推測，小房子為母系社會的成年婦女過對偶生活的住房，而大房子為氏族首領及氏族內部老、幼、病、殘成員的住所，兼作全部氏族的會議、慶祝及祭祀活動的場所。小房子的門都朝向大房子，可見其間活動聯繫之緊密。居住區周圍有 5~6 米寬、深的壕溝圍繞，臨居住區一側的溝壁較為陡峻，顯然是為了防禦猛獸對居民的侵襲而採取的應對措施。在北面的壕溝上有橋樑設置。居住區內和溝外尚分佈著一些窖穴，是氏族的公共倉庫。居住區溝外的北邊是公共墓地，東邊是陶窯製作區。

半坡遺址的建築佈局充分反映出原始氏族社會的社會結構，即共同生產勞動，共同生活，沒有私人的窖穴和儲藏物，在氏族首領的組織下，大家生活在一起，死後埋在一塊公共的墓地裏。這也表明當時已經存在一定的宗教信仰，相信靈魂不死，企望在死後仍能長期團聚。

半坡遺址的建築殘存反映出了原始社會建築技術所達到的水平。利用磨製出的石斧、石錛、石鑿等工具，人們已可採伐加工直徑達 45 厘米的巨大木材，但大量使用的仍是直徑 20 厘米的材料。利用搭接和綁紮方法，可以構造出兩面坡或攢尖式的圓頂或方頂。某些地面上房屋的牆壁是利用小木條

圖13：陝西西安半坡遺址大方房子

圖14：陝西西安半坡遺址大方房子復原圖

編織成木骨，兩面抹泥，形成木骨泥牆。屋面是用抹平壓實過的草拌泥作為防水面層，個別房屋還在屋頂上開有採光、出煙的天窗。地面用草泥鋪平壓實。房屋中間設有火塘，作為加工食物及取暖之用。

姜寨遺址

20 世紀 70 年代，在陝西臨潼附近的姜寨村發現了一處仰韶文化居住遺址，總面積達 2.5 萬平方米。在已發掘的 1.7 萬平方米中，已顯露出房屋基址一百餘座及大量窖穴、墓葬等，它所反映出的原始村落面貌比半坡遺址更為典型（圖 15）。整個居住區的北、東、南三面被一條壕溝包圍著，西南有一條河流。壕溝的東邊及南邊是集中的墓葬區。陶窯有四座，分佈在西部河流岸邊，形成窯場區，與居住區分離。居住區內四面都分佈著許多大、中、小型房屋。更為有趣的是，居住區內東、西、南、北四個方面的房屋的門口均朝向居住區的中心開設。中心保留了一塊近 1400 平方米的廣場，還有兩塊可能是作為牲畜夜宿場的地方。所有的房屋都是住人的，室內都有灶坑。大部分房屋為半地穴式，少數是平地起建的，建築技術、質量彼此近似。小型房屋面積約 15 平方米，有方形與圓形兩種，可住三到四人；中型房屋可住六到八人；大型房屋全村一共有五座，每座面積約為 80~120 平方米，可住二十到三十人。從房屋的佈局狀況來看，村落可明顯地劃

分為五個組羣，每羣以一座大房子為中心，周圍佈置若干中小型房子。

根據民族學材料分析，姜寨村落中的大、中、小型房屋是有不同功用的住宅建築。小型房屋是母系社會中一個家族裏的成年女子過對偶生活的住房，這樣的家庭僅僅是一個生活單位，不是獨立的生產單位，只保存有少量配給的儲糧，因此沒有獨用的窖穴。中型房屋是供一個家族使用的，族長是女性，帶領著老人、未成年的幼兒居住在一起，屋內除有灶坑以外，尚

圖15：陝西臨潼姜寨遺址復原圖

有一定面積作為會議和舉行儀式的地方。睡覺的床位往往分成左右兩半,分佈在入口兩側,可能是因男女分睡的要求而設置的。在家族中,供對偶家庭使用的小房子都圍繞著家族房子佈置。大型房屋是供氏族使用的,在這裏不僅床位面積較大,而且在床位後面有較大的空地,供舉行集會、議事、慶祝活動之用。上述分析證明姜寨原始社會遺址是一座有五個氏族聚居的村落。結合陶窰、畜欄、窖穴、墓地的分佈情況,可知在原始社會中的土地耕作、家畜飼養、製陶等生產活動等統由氏族掌握,產品的最初分配也是由氏族決定;糧食的儲藏分別由家族負責;成員死後聚葬在氏族的集中墓地裏,繼續過著另一世界的集體生活。

建築佈置形式反映社會生活特點

半坡和姜寨遺址所反映的建築佈置情況,對於已經步入文明社會的現代居民來說會感到陌生,甚至不十分理解,這是因為今天的社會生活已經產生了新的居住建築形式。但是由於社會發展的不平衡,世界上某些尚保持著氏族制度的地區或民族,為了強調血緣的聯繫,加強集體的防禦手段,那裏的住房往往依然遺存有原始社會的建築佈置特點。例如北美大草原印第安人的營帳、澳洲土人的村落、非洲富爾貝族的居住點,等等,都是像姜寨遺址一樣圍成圓圈形或者是半圓形、方形,周圍有土牆或柵欄圍繞,中間有廣場、

畜欄等，有時還有一些公共性的建築物。在中國福建省南部
永定、龍岩一帶居住的客家族居民，雖然早已擺脫了原始社
會生產方式，但由於他們是從外地遷入福建的，是僑居的客
戶，故長期以來聚族而居。他們的住宅即建成一個圓形（或
方形）的大堡壘，全族人住在裏面（圖16）。大者直徑達70
米，三圈環形房屋相套，多達三百餘間房屋。外圈房屋高四
層，底層為廚房雜用，二層儲糧，三層以上住人。中央建造
祠堂，為族人議事、舉辦婚喪典禮之處。這個例子也說明這
種封閉的圓形建築佈置形式是為了維持家族血緣聯繫，共同
防禦外人侵襲的社會生活目的而產生的。

圖16：福建南靖梅林鄉坎下村懷遠樓

又如半坡、姜寨遺址中，圍繞大房子周圍佈置的供成年女子過對偶生活的小房子的佈局方式，也可以從民族學材料中得到例證。直到中華人民共和國建立前尚保留母系氏族制度的雲南省寧蒗縣永寧區的住房就是一例（圖17）。在那裏，一個母系家族住著一所單獨的院落，其中大房間（主室）一間，小房間（客房）若干間。主室住著家長、老年人和未婚的青少年，中央以火塘為界，左右立兩根柱子，以男左女右之序分別為男女青年舉行進入成年期的儀式，此外，全家舉行會議及宗教儀式也在主室。客房分配給正過著婚姻生活的婦女，作為晚上接待男朋友的居室，室內僅有火塘一口，作為取暖之用。這種奇怪的住宅正是原始社會家族形態的反映。

長期以來中國奉行的宗族體制，鼓勵數世同居，形成巨大的家庭組合，家庭經濟由家長掌握，家庭成員生活統一安排。為了適應這種狀況，

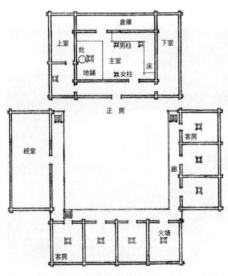

圖17：雲南寧蒗永寧區摩梭人住宅平面圖

其住宅設計成行列式的、集體吃住、男女分行的模式，如同兵營一般（圖18）。這種狀況也是家庭生活狀態的反映。

　　通過研究早已消亡的原始社會狀況，歷史學家不僅從考古學的發展中獲得了大批實證材料，同時也可以從民族學研究中發現不少旁證材料。考古學和民族學成為解開原始社會之謎的兩把鑰匙，建築的歷史發展也不例外。

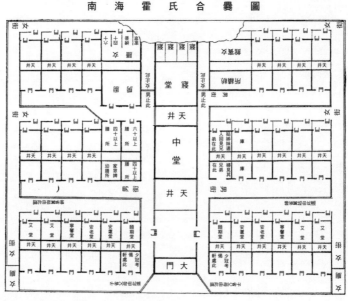

圖18：南海霍氏四世同堂而居的住宅圖

宮殿與陵墓是奴隸社會中誕生的兩類重要建築。二里頭遺址為夏代晚期，除了擁有宮室、墓葬外，廊院也是其重要特色之一。殷墟為商代都城遺址，在此發掘出了規模極為宏大的王室、貴族墓葬。在這個時期，建築技術取得了長足進步，城牆、台基、木構、橋樑等已然成形。人們集居的城市內部已有了功能的分區。

3

二里頭及殷墟

二里頭

中國的奴隸社會一般認為始於夏代，按《竹書紀年》記載，夏王朝歷經十四世十七王，統治中原四百餘年（前2070—前1600年）。活動範圍包括今日的晉西南及豫北地區。從都城及宮殿的建造及墓葬祭祀狀況分析，夏代已進入階級社會是可信的。考古學家們正在努力搜尋夏代的遺址，企望用實物來探索夏文化的面貌，目前這項探測工作雖有一定的進展，但尚無更多的完整實例發現。原因是夏代是繼原始社會之後的轉型時期，其生產技術尚處於石器時代，其建築文化與原始社會晚期的龍山文化有相似之處，故其遺存很難確指。夏代以後的商代已進入青銅時代，建築技術有很大的進步，規模較大的遺址較易於發現，因此一些具有顯著奴隸制時代特點的建築遺跡顯露出來。為了滿足作為首次出現的剝削階級 —— 奴隸主階級的統治需要，一些新的建築類型出現了，宮殿與陵墓是其中較為突出的兩類建築，分別代表奴隸主的生前要求和死後慾望。

夏代一般平民的建築與新石器時代的建築類似，特點不突出。幸運的是1959年在河南偃師縣二里頭村發現一處夏代晚期的都邑遺址，遺址範圍近2平方公里，出土了大量石器、骨器、陶器、玉器、蚌器及銅器。有的專家認為此遺址即為夏人第二次遷都的"斟鄩"。遺址中部還發現兩組大型宮室建築遺址，分別為一號宮室及二號宮室。一號宮室遺址

由門屋、行廊、廣庭及主殿組成。整座宮殿坐落在一座高約
80 厘米的方形夯土台基上，台基東西 108 米，南北縱深 101
米，佔地約 1 萬平方米。遺址周圍有廊廡圍繞，有些是朝向
內院的單面廊，有些是朝向內外兩面的雙面複廊。南部廊廡
中間設置一座七開間的穿堂式大門，廊廡與大門共同圈成封
閉的中庭。中庭面積達 5000 平方米，可舉行大型集會。中
庭北部居中有一座單獨建築，據柱網分佈可知為面闊八間計
30.4 米、進深三間計 11.4 米、坐北朝南的一座木構大建築。
房間內是否還有立柱尚不清楚。在簷柱之外尚有較細的柱

圖 19：河南偃師二里頭早商宮殿復原圖

洞，專家分析可能是承托出簷的擎簷柱，也可能是建築台明的構造柱。它的屋頂形式可能是四坡屋頂，茅草覆蓋的草頂屋面。它是這組建築中的主要殿堂。此遺址氣勢雄偉，可稱是國內最早發現的一座宮殿遺址（圖19、圖20）。

1978年對該遺址的進一步發掘，繼之發現了二號宮室遺址。遺址總平面呈矩形，南北長72.8米，東西寬58米。周圍有廊屋圍繞，東西為單廊，南面為複廊，北部為夯土厚牆，圍合成中部廣庭。南廊中部為門屋，面闊三間，一明兩暗，牆壁為木骨泥牆，前後有廊柱，建築構造明晰。庭院中部偏

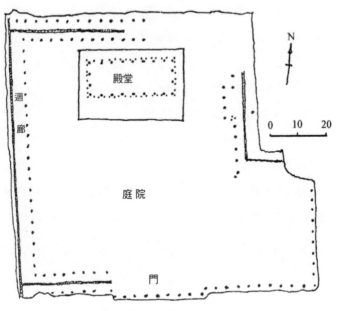

圖 20：河南偃師二里頭夏代晚期一號宮殿遺址平面圖

北處有一宮室，東西九間，南北三間，廊柱之內有一圈木骨泥牆，分成三個房間，中間為過廳，兩側為居室，並在宮室之後發現一座大型墓葬。庭院東廊下有兩處陶製排水管道，以排除院內積水。院內主體建築體量較小，柱徑較細，僅 20 厘米左右，同時院內又發現墓葬，故此遺址可能為祭祀建築（圖 21）。其建築總體佈局已充分表現出夏代廊院式宮室的特點。

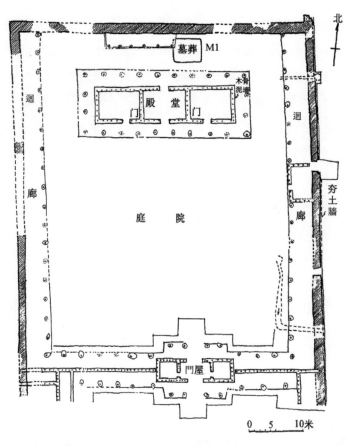

圖 21：河南偃師二里頭夏代晚期二號宮殿遺址平面圖

　　類似夏代宮室建築的商代宮殿遺址，在湖北黃陂縣盤龍城也發現了一座，這是商代中期一個方國統治者的駐地。城址近方形，東西 240 米，南北 290 米，四面有城門。在城內東北高地上，有一組宮廷建築羣基址，一共有三座建築，以南北為軸，平行地佈置在高約 1 米的高台上。按古代"前堂後寢"之制度，最後一座建築應是寢殿。該殿共分四室，一列排開，由木骨泥牆圍成，四室之外有一圈柱列，形成前後左右四面外廊，總面積約為 480 平方米（38.9 米 ×12.3 米），是一座相當龐大的建築。其前後簷柱的數目並不相等，南面二十根，北面十七根，說明當時屋蓋的橫列構架尚未形成，搭接比較自由（圖 22）。此外，商代宮殿建築在鄭州商城遺址及安陽小屯殷墟遺址也有發現，證實了奴隸社會大型建築構造的基本模式。

　　南方各處方國的宮室實例較少，但在四川成都十二橋村發現的商代早期木構建築遺址中，出現了長約 1 米的椿木，

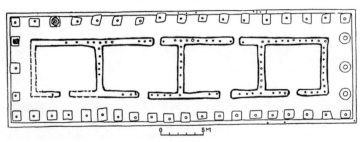

圖 22：湖北黃陂盤龍城商代宮殿遺址平面圖

下端削尖，打入地下作為樁基，上面建房。大型建築則在地坪上鋪設地樑（地栿），樑上立柱建屋。說明各地因氣候地質條件不同，建屋的方法也各異。

殷墟

據史書記載，公元前 14 世紀時商王盤庚遷都於殷，並在此建都達 270 年之久。殷都在今河南安陽小屯村一帶，1949 年以前，考古工作者即在此進行發掘，中華人民共和國成立後又進行了多次系統性發掘，在洹河兩岸十餘里範圍內發現了大量宮室、廟宇、墳墓、住宅、窖穴等遺跡。數十處宮室建築羣位於小屯村中心，多呈矩形或"凹"字形，面積大者達 400 平方米（40 米 ×10 米），朝向都是坐北朝南，並都建立在夯土台基上。各建築間的佈置有一定規律，一般成組排列，圍成院落。在宮室建築基址下面埋有殉人和牲畜，作為奠基的祭物。

殷墟範圍內除了住宅、作坊場地外，尤以王室和貴族的墓葬最為宏大。武官村發現的大墓深入地下達 7 米，為土坑木槨式墓室，整個墓室面積達 170 平方米。其中木槨面積為 30 平方米（6 米 ×5 米），全由大木材以井幹方式壘成，槨底還平鋪了三十根枋木。墓室上部有殉人骨架三十四具及大量獸骨、銅器、木器、鐘磬等物，盡窮奢極侈之能事。另在侯家莊發掘出一座據認是商王的陵墓，深入地下 15 米，墓室四面各開一條墓道，形成 "亞" 字形平面，墓室面積為 330 平方米，加上墓道面積達 1800 平方米，是已知最大的土坑式墓穴。奴隸制時代統治者墓葬規模之巨大，常使人迷惑不解，正如世人見到埃及金字塔時的心情。從死後墓葬的奢靡程度，也可以想像到奴隸主生前的宮室壇廟建築，一定也是相當豪華可觀的。

廊院

中國古代建築傳統特點之一即是院落佈局方式。提起院落式，大家慣常聯想到北京四合院以及各地以房屋圍成院落的建築形式，實際上古代還盛行另一種院落形式 —— 廊院，即以廊子圍成院落，院落之中建造主體建築，這種廊院的歷史甚至比四合院式還要早。二里頭夏代晚期宮殿遺址可算是這種形式的最早例證。

漢代建築依然採用廊院制度，例如從河北安平漢墓墓室中一幅地主莊園的壁畫可以看出，漢代大住宅也是由數個廊院組合而成的（圖 23）。甘肅敦煌壁畫中所表現的北朝至隋唐的佛教寺院圖像，大都是廊院形式。唐代大寺院中的廊院眾多，分為中院與別院。中院佈置佛殿、佛塔、講堂、經藏等主要建築；別院則有各種內容，如供佛的佛殿院、供養帝王影像的聖容院、供養高僧的影堂院、居住用的僧房院、醫方院、庫院等。據記載，著名的西安大雁塔的所在地 ——

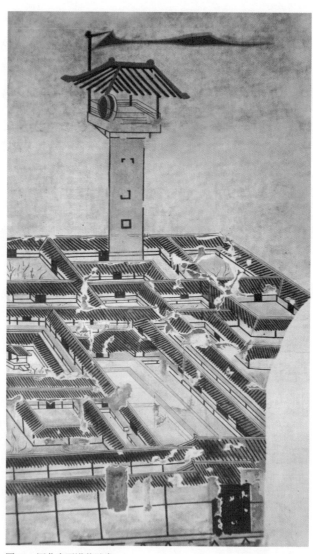

圖 23：河北安平漢墓壁畫

唐代的慈恩寺，盛時曾有十餘院、一千八百餘間房舍，有太平院、元果院、浴室院、翻經院等，雁塔即在寺的西院。長安西明寺有十院，扶風法門寺有二十四院。唐代律宗大師撰寫的《戒壇圖經》中描寫的律宗寺院的別院達四十餘所（圖24）。一直到明代，廊院制式的寺院仍然盛行。如洪武初年所建的太原崇善寺仍採用廊院式，規模宏大，佈局謹嚴，除

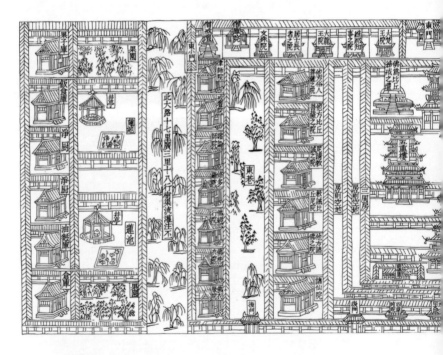

圖 24：《戒壇圖經》所示律宗寺院圖

中間三進主院以外，兩側又配以十六座別院，寺院對面尚有五座小院，可謂重門疊院，氣象萬千（圖25）。受中國佛教建築影響而建造的日本奈良法隆寺，也是一座典型的廊院制建築。周圍有空廊環繞，南廊中間為中三門，北廊中部為講堂，院子中間並列兩座主體建築，左為金堂，右為五重塔。

根據資料分析，歷史上的廊院建築有多種佈局形式。

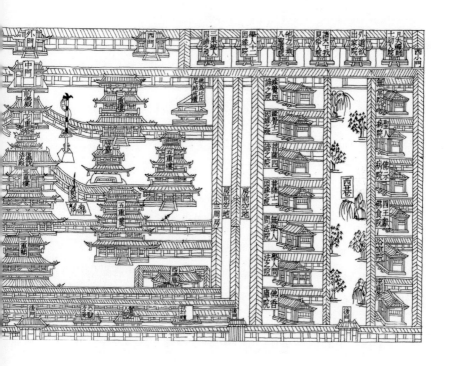

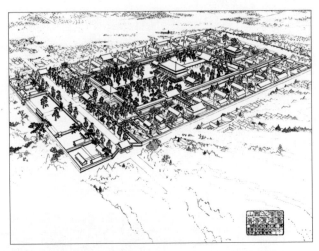

圖 25：山西太原崇善寺復原圖

一般情況是將主體建築置於院落中央，如衙署中間為正廳建築，寺院就是佛塔。某種情況下，有的建築會將佛堂與佛塔並列置於院中或將堂、塔前後佈置在院中。某些小型房屋的廊院（如住宅）則將正房佈置在北廊中央，廊院中間不佈置房屋（圖 26）。中國建築發展後期，為了增加院落中的使用面積，廊院形式逐步被四合院房屋所代替。但在某些實例中尚可看出廊院制的痕跡。如北京故宮三大殿組羣實際上就是廊院，不過周廊不是空廊，而變成聯簷通脊的廊廡及門閣（圖 27）。由於在太和殿、保和殿左右增設了隔牆，分隔開了統一的廊院空間，使人感覺不出三大殿是位於廊院的中央。

圖 26：山東沂南漢代畫像石墓石刻祠堂圖

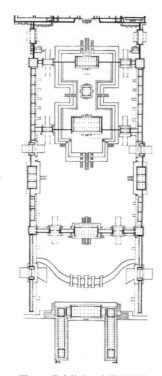

圖 27：北京故宮三大殿平面圖

夯土、栽柱與縱架

　　奴隸社會的建築與原始社會相比，在技術上取得了相當的進步，具體的構造做法具有明顯的時代特色。首先提到的應該是夯土技術，人們應用它建造了城牆、台基、墳墓以及部分牆壁。它與土坯磚是人類最早利用黃土來建造房屋的兩個途徑。初期夯土技術比較簡單，夯層不太均勻，一般約 10 厘米厚，較現代夯層為薄。夯窩約 5 厘米，呈半球形，可能是用木棒形夯桿夯築的，有時夯層中還鋪墊有鵝卵石。奴隸們利用這樣簡單的技術，在偃師二里頭夏代宮殿基址中，夯築了達 2 萬立方米的台基，在鄭州商城夯築了七千餘米的城牆（圖 28）。在鄭州商城住宅基址上還發現了版築的牆基，每一版長為 133 厘米，高為 43 厘米。當時不見得用木板作模具，也可用圓木桿疊疊進行夯製，現在農村中也常用此法。應該說夯土技術在這個時期已經基本成熟，並由此一直沿用了數千年，至今應用三七灰土夯製的基礎仍是一般工程常用的基礎形式。農村住宅中用夯土做屋壁或院牆者更為習見，在青磚廣泛應用以前，夯土是古代建築構成壁體的主要施工方法。歷代城鎮（包括都城在內）的城牆都是夯土牆，一直持續到元代，明代以後才改為包磚城牆。

　　這個時期建築中的木柱的穩定方法亦有特點。今天看到的古建築木柱多是托在台基面的柱頂石表面，木柱的穩定是依靠屋架及檁椽的整體連接的。而早期建築木柱是栽埋在夯

圖 28：河南鄭州商城城牆遺址

土台基中，埋深 50~200 厘米，柱底鋪墊一塊或數塊卵石，以防柱身下沉，即使沒有搭放屋架，柱身也可直立在台基上，稱之為 "栽埋柱"。從二里頭、盤龍城、鄭州商城、殷墟等處遺址以及陝西岐山的西周遺址都可發現類似情況，這種方法一直沿用到漢代。日本古建築也應用這種栽柱方法，稱為"掘立柱"。為了增強柱身在土中的穩固性，在柱根部又釘上十字交插的木條，以免柱身上部擺動。從栽柱的應用也可看出當時房屋構架的整體性尚不夠完善，中國的木構架體系是經過若干階段的改進才逐漸完備起來的。

這個時期的建築中，柱子的排列方式也有耐人尋味之處，即有些建築的柱網排列在縱向成列而在橫向不成排。例如盤龍城宮殿遺址的北面沿面闊方向縱列了十七個柱洞，南面卻有二十個柱洞。按照今天設想一般長方形房屋皆在橫向設置屋架，一榀榀架好後再搭檁架椽，鋪蓋屋面，這就要求前後簷柱對位，才能構製屋面。這種前後柱位不一致的情況在晚期建築中很少遇到。因此，有些建築史學者推測這時期的建築結構方式是採用縱架方式（與一榀榀的橫向屋架對比而言），即是用樑枋沿縱向將一系列柱子聯繫在一起形成框架，然後在兩列或多列縱架之間架設樑檁，形成屋蓋。更早期的夏商建築多用縱向的木骨泥牆作為輔助的承重結構，對於草頂屋蓋是可以負擔的。後來的東周、兩漢時期的建築，也利用兩面用木架夾持的夯土牆作為承重牆，來負荷屋面重量。目前因限於考古發掘的材料，對縱架的具體構造方式尚難確定，但推測的這種結構方式是可行的。例如西南地區藏族的建築，其構造之法即沿用著縱架方式，即在縱向的柱頭上安設大替木，替木上面搭縱樑，再橫向搭密檁，形成平屋蓋。

由此與土牆或石牆結合起來，並靈活地組合各類房屋建築。

在中國木結構的發展過程中，也存在著兩種構架方式交替運用的現象。唐宋以來，木構架方式已經發展為橫架構造體系，但在元代，為了改進和擴大使用空間的靈活性，變通地移動平面中柱子的位置，在山西省一帶很多的古建築中應用通長的縱向大額枋的構造方法，這樣柱子位置可以改變，數量也可減少，樑架置於大額枋之上，不受柱位的限制，這實際上也是一種縱架的結構方式。歷史的形式有時會重複出現，不過每次都是在新條件下進行了某些改進的新形式，不是舊形式的簡單再現。

這時期的建築技術特點不僅表現在夯土、栽柱與縱架上，集居方式已出現在城市，城市內部佈局已有功能分區，大型墓葬出現木槨葬制，某些建築木構件上使用了榫卯構造，比捆綁方式更為先進，建築物內部的牆壁上出現彩色圖案，商代遺址中已有下水的水溝及陶管道等等，這些措施都具有劃時代的意義。但從上述諸點中可以體察到，中國古代數千年的建築歷史是在不斷發展、演變之中的，任何歷史時期都有相應的技術特點，而這些特點將會隨著建築技術的發展而逐漸消失，被新的特點所取代。

《考工記》是中國最早的記敍工藝製造的著作，書中列舉了應用木、金、革、石、土五種材料及繪染材料的三十種手工業工種的生產技術和管理方面的制度規定，其中 "匠人" 章節記錄了工匠的土木營造技術，保留了先秦時期建築與規劃方面的重要資料，一直流傳後世。

4

《考工記》

最早的工藝之書

絢麗多彩的中國古代工藝美術品不僅反映出中國文化的璀璨與悠久，亦在世界文化史中佔有重要地位。但工匠的這些神奇技巧，在舊時卻為士大夫階級所不齒，專門記述工藝學方面的書籍為數極少，工匠們只得依靠口傳心授傳其衣缽，因此不少鬼斧神工的稀世技藝常在動盪不安的社會中失傳中斷，再也無法探知其奧秘。難能可貴的是，古代尚有一部記敍工藝製造的書籍流傳下來，這就是《考工記》。

《考工記》是講述周代官制的書籍《周禮》的一部分。《周禮》中"冬官"部分主要記述工藝製作方面官制設置的內容，但早已經缺佚。西漢人以《考工記》一書補入《周禮》，以代缺佚的"冬官"一節。據專家分析，《考工記》約成書於春秋戰國之交的齊國，是記錄官營手工業生產的、法規性質的書籍。其中列舉了應用木、金、革、石、土五種材料及繪染材料的三十種手工業工種的生產技術和管理方面的制度規定。手工業品的類別包括兵器、運輸工具、炊具、食器、量器、樂器、裝飾品以及建築等，從用具角度比較全面地反映出周代社會生活的各個方面以及所達到的工藝水平。例如書中提到的"金有六齊"，即是指銅合金中銅和錫的六種配合比例，不同的合金用以冶鑄不同硬度的用具。鑄造炊具鐘鼎類採用6：1的銅錫合金比例，殷墟發掘出的青銅鼎的合金成分即接近這種比例，可見《考工記》的記述多是實踐經驗的總結。

《考工記》中"匠人"一段是記錄建築工匠的土木營造技術的。在異常稀少的古代建築文獻中，這是一份彌足珍貴的記述，它保留了先秦時代建築與規劃方面的資料，為今天的研究工作提供了有價值的借鑒。

王城規劃制度

　　《考工記·匠人》中記載："匠人營國，方九里，旁三門，國中九經九緯，經塗九軌，左祖右社，面朝後市，市朝一夫。"這是一段關於周代王城規劃佈局的敍述，意思是："匠人營建國都，城市佈局要九里見方，每一面開設三個城門。城市中有九條南北大道、九條東西大道，每條街道寬度能並行九輛馬車，即七十二尺寬。城市要以宮城為中心，按照左邊為祖廟、右邊為社稷壇、前面是外朝辦事之所、後面是市場交易之處的規劃要求佈置。外朝與市場的面積都是一夫之地，即百步見方這樣一塊面積。"（圖 29）

　　由於周代洛陽王城尚未經過詳盡的考古發掘，因此這樣的規劃方案是否付諸實踐，無法確證，但一般學者認為它確實反映出當時的某些規劃思想，並非完全臆造。原始人出於對自然的崇拜及對祖先的敬仰，即"敬天法祖"觀念的影響，非常重視宗廟建築及祭祀建築，祖廟及社稷壇佈置在王城中心，正是強調其地位的重要性。古代帝王主管外朝政務；后妃主管內廷家務，這是原始時代男性主持生產活動、女性主持

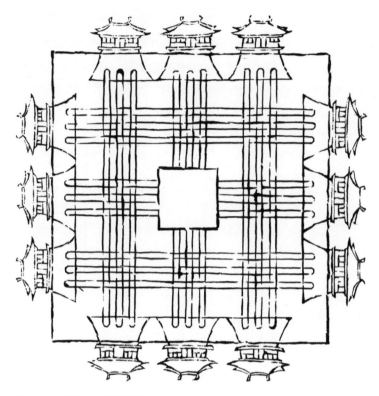

圖 29：《三禮圖》中周代王城圖

　　分配交易習俗的延續，在王城規劃中把外朝置於前、市集置於後，也正反映了古代種族經濟管理方式的特點。

　　隨著社會的進步，完全襲用古代城市的規劃方案是不現實的，但各代在都城規劃中皆在不同程度上吸收了《考工記》中所提出的構思。例如漢代長安城街道寬度仍以軌寬為計量單位，已發掘出的東門宣平門內大道的寬度為十二軌（圖30）。這種以軌寬確定路寬的辦法，一直持續到城市交通被乘馬和坐轎代替以後才改變。隋唐都城規劃為《考工記》王城規

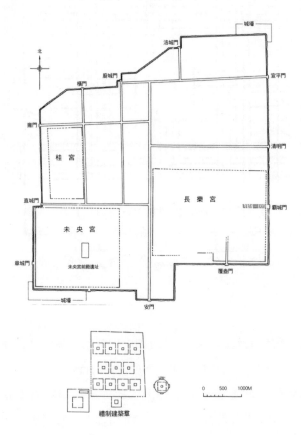

圖 30：漢長安城圖

劃中方整如棋盤的街道網佈置所吸引（圖31），在廣達八千餘公頃的長安城內，以縱橫大街劃分出一百零八個坊里，這種棋盤式的規劃影響所及甚至遠達日本（圖32）。元代國都大都

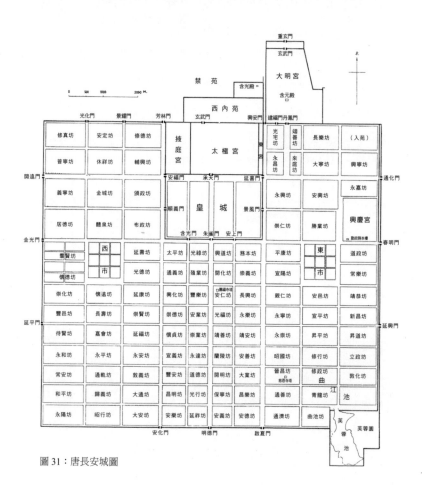

圖31：唐長安城圖

城（今北京）的規劃更在較大範圍內吸收了《考工記》中的王城規劃思想，全城略呈長方形，除北牆外，每面城牆開闢三座城門，宮城居中在前，後為鼓樓、鐘樓及什剎海一帶的集市貿易場所，太廟佈置在東面齊化門內（今朝陽門內），位於宮城之左，社稷壇佈置在西面平則門內（今阜成門內），位於宮城之右，城內街道縱橫交匯，方整平直。明代北京城在大都城的基礎上進行改造，將太廟、社稷壇遷到宮城前方的天

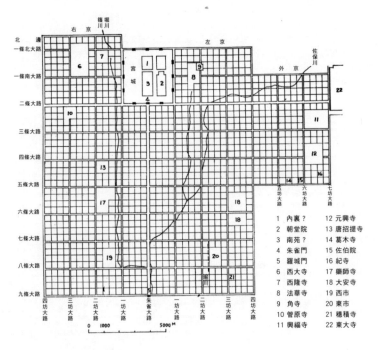

1　內裏？	12　元興寺
2　朝堂院	13　唐招提寺
3　南苑？	14　葛木寺
4　朱雀門	15　佐伯院
5　羅城門	16　紀寺
6　西大寺	17　藥師寺
7　西隆寺	18　大安寺
8　法華寺	19　西市
9　角原寺	20　東市
10　管原寺	21　穗積寺
11　興福寺	22　東大寺

圖 32：日本平城京平面圖

安門兩側，進一步加強全城中軸線的氣勢。奴隸制時代的王城規劃雖已成為過去，但它那規劃嚴整、軸線對稱、佈局分明的城市佈局所構成的雄渾氣派，一直吸引著歷代帝王的注意力，令他們在其都城規劃中不斷加以仿效。

世室與明堂

《考工記》中還提出了夏、商、周三代帝王宮殿等重要建築物的設計方案，由於文意晦澀，很難作出確切的解釋，歷代經學家、考據家對其註釋爭論不休，歷時長達兩千餘年。但因為它提出的是三代建築模式的設想，因此成為後代帝王熱衷"法古"的最好材料，長期以來對封建社會的建築創作產生了深刻而持久的影響。

宗廟是祭祀本族祖先的祠廟建築，是"敬天法祖"思想的物質體現。例如夏代的宗廟建築稱為"世室"。它的平面長深尺寸為十四步乘十七步半。在台基上按中心四角方式佈置五間房屋，每間房屋大小為四步乘四步四和三步乘三步三。四面有四個門、八個窗，並有九條階道可登上台基。《考工記》中還提出商代王宮正堂稱為"重屋"，是建立在三尺高的台基上，重簷四阿頂，即清代稱之為"廡殿頂"的形式。而周代宮殿的主要殿堂稱為"明堂"，是建立在九尺高、平面尺寸為八丈一尺乘六丈三尺的台基上。上面建立五間房屋，每間為一丈八尺見方。以上的解釋都是漢代儒家的分析，是否符合實際，無從考據。但其中某些設計思想，類如重簷廡殿頂、高台基、中心四角式佈置房屋等卻在歷代重要建築物中被反覆採用。

　　建築考古工作者亦曾依據《考工記》的四阿重屋的記載，推斷商代二里頭、盤龍城宮殿及陝西岐山周代宗廟的外觀形象，可能為重簷廡殿頂。一直發展到封建社會晚期，統治階級建築中仍以重簷廡殿頂為最高等級的屋頂，只有宮殿正殿、宗廟、孔廟大成殿等極重要的建築才能應用。中華人民共和國建國後在漢長安的南郊發現了十幾處禮制建築的遺址，經考據認為是西漢末王莽所建立的九座宗廟及明堂、辟雍建築（圖33）。其基本佈局是在環形水溝內建一方形院落，院落中有一四方形台榭建築，在方形夯土台上依中心、四角、四面的方位佈置房屋，體形雄偉，對稱嚴整，與傳統的縱軸線式的佈局迥然不同。這類設計顯然是受了《考工記》中三代建築模式的影響。隋煬帝時擬議在洛陽建立明堂，著名建築家宇文愷研究了歷代明堂設計以後，提出了一具模型。其設計是一座方堂，堂內分為五間房屋，上層平面為圓形，四面有四個門，基本上仍是依據《考工記》的記述創制的。武則天時期建築的明堂也是類似這樣的高台基、四方形、四面開門的建築。"明堂"模式甚至一直影響到明清時代的壇廟建築。歷史上完美的建築構圖形式會在新的條件和要求下被沿用若干年代。

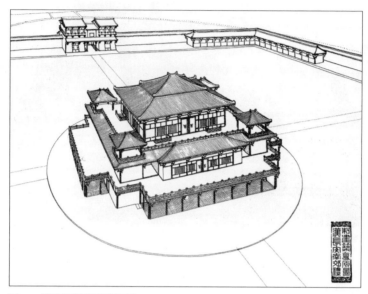

圖 33：漢長安禮制建築復原圖

早期建築的施工技術和制度

從《考工記》的記述可以看出，"匠人"是負責下列工作的：（1）用水測法測量城市用地水平高程；（2）依據日影和北極星測定城市建築物的方向（圖 34）；（3）規劃和建設城市；（4）建造宮室建築；（5）劃分郊甸田畝並建造溝洫；（6）建設倉困等儲藏建築。從其內容可以看出，當時建築工作從規劃、設計到施工是統一進行管理的，尚沒有嚴格的分工。"匠人"屬"攻木之工七"之一，為木工工種。因在傳統建築構造

圖34：河南登封測景台

方式中以木工的技術較複雜，是施工的關鍵，故而長期以來中國建築工程中皆以木工為領班負責全面工作。在唐宋時代這種領班木工又稱為"都料匠"，如宋代著名的建築工匠喻浩即是都料匠。明清時代有的木工高手甚至被提拔為工部的負責官吏。例如明代香山幫匠師蒯祥，以首席木工的地位，曾任工部左侍郎（即建築工程部副部長）。又如清代長期主持皇家工程的"樣式雷"建築家族，亦享受到歷朝的"賞官食俸"的待遇。《考工記·匠人》可以證明木工很早就是建築業的領銜工種。

匠人所負責的建築工作屬於官營建築範圍。匠人是專門為王室及政府服務的建築工匠，按周代官制為冬官司空所管轄。秦代以後政府專門設置將作少府（有的朝代稱將作監）或工部，專營宮廷、官府營造等事務。這種工官制度一直延續了幾千年，直到清末才被大量出現的私營包工的營造廠所代替。由政府控制建築業會導致廣大建築工人的智慧不能充分發揮出來，對建築技術的發展有不利影響；但另一方面，歷史上一些規模巨大、用工繁多、技術複雜的大型建築能在較短的工期內完成，也正是政府干預建築工程的結果，這是工官制度的積極一面。

從《考工記‧匠人》的記述還可看出，建築形制在階級社會一開始即被打上烙印 —— 等級制度。周王王宮的宮門高度、宮城城角高度、王城城角高度都有等級差別，分別為五雉、七雉、九雉（長三丈高一丈為一雉）。而且王城、諸侯城、卿大夫采邑的城制也有等級差別，一般依次減低一級。王城內外的道路寬度也有等級，城內大路九軌寬，環城道路七軌寬，城外道路五軌寬。而且王城、諸侯城、卿大夫采邑的城內外相應道路也有等級差別，同樣依次減低一級。在整個封建社會中貫穿於建築中的等級制度，隨著社會發展而愈演愈繁，擴及住宅、墳墓、裝飾、用具等各個方面，阻礙了建築創作的自由發展。除上述內容外，書中還留下一些技術做法論述，如瓦屋面、草屋面的屋頂坡度規定，牆厚及收分規定，土堤高寬的規定等。總之，《考工記‧匠人》是反映先秦建築情況的不可多得的文獻。

從先秦到兩漢，台榭與宮室成為各國君主享樂與炫耀國力的重要手段。在木結構處於初始階段、尚不能建造大體量建築物時，工匠們用土木混合的結構方式來解決多層建築的問題。隨著木結構建築的日益成熟，樓閣宮殿更多地採用純木結構製造，呈現出豐富多彩的形貌。

5

高台榭，美宮室

台榭建築

先秦文獻多次提到台榭建築,對它的描述除了華麗奢靡之外,多形容它是多麼高、多麼大(圖 35)。帝王統治者借助所謂"高台榭,美宮室"以鳴得意。晉靈公造九層之台,經過三年尚未建成;楚國築"章華台"號稱"三休台",登台時需要休息三次才能到達台頂;秦國也築有三休台;魏襄王要築"中天台",妄想台高要築到天高的一半;吳王夫差造"姑蘇台","高達三百丈",上有館娃宮、春霄宮、海靈館,周迴廊廡,橫跨五里,這顯然不是一座簡單的高台,台上有一組龐大的建築羣體,但具體建築形象一直是個謎,令人不得其解。

春秋戰國古城遺址中經常錯落佈置著不少高大的土丘。例如河北易縣燕國下都城遺址,城內外共有大小夯土台址五十餘處,著名的有武陽台、老姆台、路家台等(圖 36)。齊國都城臨淄遺址的西南部現在尚聳立著一座夯土高台,高達 14 米,當地人稱之為"桓公台"。趙國都城邯鄲遺址的宮城內亦保留著高台十餘座。過去一般認為這些高台是古代陵墓的墳丘,未予重視,但經考古發掘,發現其下並無墓葬,且土台之上及其附近出土不少瓦件、石礎、灰皮及木炭灰燼等,顯然是一些建築遺存。經多方考證,現已確認這些台址即古代台榭建築,也就是古代帝王宮室建築中的一種重要建築類型。這種建築的規劃佈局、建築佈置及結構方式,通過對秦都咸陽城遺址中第一號宮殿遺址的發掘,已進一步明晰。

山西長治出土鎏金銅匜

上海博物館藏銅桮

圖 35：戰國銅器紋飾中的台榭建築

圖 36：河北易縣燕下都老姆台遺址

咸陽宮遺址

秦始皇統一六國後進行了大規模的建設，修馳道，築長城，建設咸陽城，在渭水兩岸建造了不少離宮別館。《三輔黃圖》一書對這些離宮進行了描寫，稱其"彌山跨谷，輦道相屬"，"木衣綈繡，土被朱紫"，極盡豪華之能事。秦始皇還仿造關東六國宮室的形式，在咸陽北面的高地上建造了不少宮殿。這些建築活動交流融會了全國各地建築的經驗，可惜這些建築皆已不存。20 世紀 70 年代在咸陽市發掘了一座台榭建築遺址，即為秦代咸陽城內一座宮殿，使得古代宮殿建築面貌再現於世人眼前（圖37）。

這是一座 2700 平方米（60 米 ×45 米）的長方形夯土台，殘高為 6 米。以夯土台為中心，周圍用空間較小的單層木建築環依在土台四周，逐層收進，上下層疊，形成二三層的金字塔形的建築羣組，外觀壯麗，氣勢恢宏。房間內容有殿堂、過廳、居室、浴室、迴廊、倉庫、地窖等項。殿堂位於夯土台正中，為兩層建築，地面塗以朱紅色顏料。部分房屋中設有火炕、壁爐、地窖等。台榭建築的各層地面設有排水管道，可將雨水引入附近溝渠之中。有時這種台榭不是一幢，而是兩幢或多幢，彼此之間以架空的閣道相連，統治者可以不必下台，由閣道通往其他各處，其外觀形象更加雄偉。在木結構技術處於初始階段，尚不能建造大體量建築物的時候，匠師們巧妙地採用土木混合的結構方式解決了多層

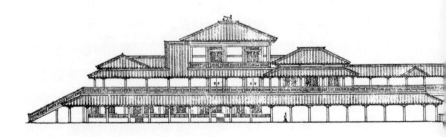

圖 37：陝西咸陽秦咸陽宮一號遺址復原立面圖

建築的問題。

台榭建築自先秦盛行以來，一直延續到兩漢時代，西漢末年王莽在長安南郊所建的一批禮制建築仍然採用台榭建築方式。三國時代曹操在鄴城西北角修築著名的銅雀台，其形制亦受到台榭建築的影響。唐宋以後，木結構技術已經成熟，可是人們對這種層層疊疊、方錐形的建築外觀仍有留戀，因此在風景遊覽區仍仿照台榭風格建造木製樓閣，如黃鶴樓、滕王閣等，這些建築一直是詩人吟詠、畫家描繪的對象。明代北京紫禁城的角樓建築，它那"九樑十八柱"結構體系、層疊變化的屋頂形式，正是沿襲歷史上台榭建築的脈絡發展演變而來的。

樓閣結構形式的進一步發展

台榭建築雖然以土木混合結構方式創造了一代樓閣的宏偉形象，但它終究在結構上具有很大局限，不能適應社會的多種需求。隨著木結構技術逐漸成熟，歷史上的樓閣進而採用純木結構形式，呈現出更為多樣的外貌。

首先出現的可說是重樓式。這種形式起始於戰國，在漢代得到普遍的發展。即由單層構架重疊成樓，利用自重相壓擠而保持穩定。平面大多採用方形或矩形，各層柱子不相連屬，各成獨柱。樓面結構採用井幹原理，在方形柱網的柱頭上，以枋木互相咬接形成方圈，其上鋪列楞木，楞木上有樓板，樓板上安設地栿木，相交成圈，地栿上再立柱以構成第二層。如此上推。上下層間的柱軸可以不對位。因此這類樓閣所表現出的外觀形式非常富於變化，漢代的畫像磚、畫像石中表現的樓閣，以及墳墓中隨葬的明器樓閣，都反映出上述構造特點（圖38），漢代的闕樓也是類似的構造，體量皆

圖38：河北阜城出土東漢五層陶樓

不是很高大。兩漢時期尚有利用夯土牆作為樓閣承重牆的例子，但在高度上受到限制，不能普遍應用。漢武帝時在長安西郊建章宮內建立的"高五十丈，輦道相屬"的井幹樓是另一種結構形式的樓閣。其結構如井上木欄一樣，重複交搭方木或圓木，積木而高，故名井幹。從構造上講這是一種可行的方式，但木材用量大，不可能推廣。

　　兩漢重樓建築的各層柱身是不相連貫的，因此整體穩定性不強，至南北朝時代佛教興盛，要求建造高層的樓閣式木塔，這個矛盾更為突出了。伴隨木塔的建造，出現了新的剎柱式結構，即在樓閣中心樹立通長到頂的大柱，柱根埋於地基之中，各樓層構架皆與剎柱相固接，保證整體穩定。日本現存的奈良法隆寺五重塔是"飛鳥時代"（相當於中國隋唐時期）的建築，它的建造技術是受中國傳統建築影響的。五重塔構架即是剎柱式，而且也是同時期日本佛塔常用的構架方式（圖39）。建立於公元 643 年（唐貞觀十七年）的朝鮮慶州皇龍寺塔，據其遺址可知為平面七開間見方的大塔，柱網中心也立有中心剎柱。中國剎柱式木塔遺構雖已無存，但從文獻上仍可追尋出其脈絡。據《廣弘明集》記載，南朝齊、梁時期在建塔之先，必先立剎柱，剎柱為一巨大的柏木柱，剎下有石為礎。延至唐代仍有剎柱之制，如武則天時代建造的明堂是一座巨大的建築，其中心即有"巨木十圍，上下通貫，栭櫨撐楹，藉以為本"。唐玄宗時代改建明堂，去其上層時，首先

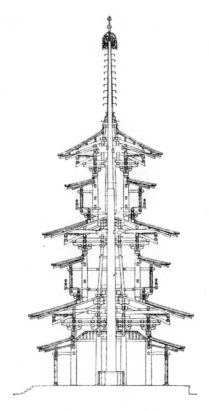

圖 39：日本奈良藥師寺東塔（建於公元 730 年）剖面圖

要除去其柱心木，更可說明該木為貫通全樓上下的大柱。

　　宋代佛教寺院供養的佛像逐步加大，使得剎柱式木塔不僅在室內高度方面不能滿足要求，其中心柱及密密的柱列等都構成對內部使用空間的妨礙。為此，一種中空式的構架形式被創造出來，擺脫了中心柱和密集柱網的束縛。遼代清寧二年（1056年）建造的應縣木塔和統和二年（984年）建造的薊縣獨樂寺觀音閣，堪稱此類形式的優秀實例。這種構架形式用形象的事物比喻，可說成是一個籠屜，每個屜圈即是一個完整的構架，它由內外兩圈柱列構成，柱間聯以樑枋斗栱，可以獨立存在。這些"屜圈"一個個疊置起來，即成為一座高層建築。每個屜圈上鋪板即為樓層，不鋪板則成為一中空的大室內空間。平面形狀可以是方形、矩形、八角形，也可以每層形狀都不同，當然以八角形平面最為合理，每層柱軸可以上下層相對應。這種結構形式對比剎柱式，不但用材節省，使用空間擴大，而且還可以用較短的材料，拼裝出大體量的建築物，這是結構發展中的大進步（圖40）。

疊圈式樓閣在技術上仍然存在著矛盾。除了構造複雜以外，尚存在兩大弱點：一是柱身穩定性差，全樓閣是多柱連接，整體構架的可變性大；二是結構傳力需要通過斗栱系統，在斗栱部位減弱了承壓能力。在明清時期又創造了一種框架式的樓閣結構形式，這種形式的構架中完全消除了內部斗栱系統，採用了柱、樑、枋直接榫接的方法，整座建築全部使用一貫到頂的通柱，無論是傳力還是整體穩定性方面都提高很多，使木構樓閣建築結構進入了一個新階段。使用這種構架形式建造的建築有承德普寧寺大乘閣、安遠廟普度殿、須彌福壽廟妙高莊嚴殿、北京雍和宮萬福閣、頤和園佛香閣等

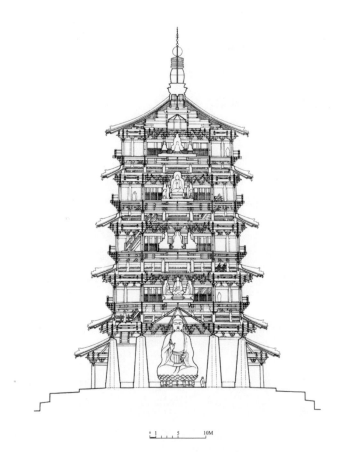

圖 40：山西應縣佛宮寺釋迦塔剖面圖

一大批殿閣（圖 41）。

　　從歷史上的台榭建築發展到四種木構樓閣結構形式，說明社會需要推動了技術發展；發展中又產生新矛盾，不斷克服

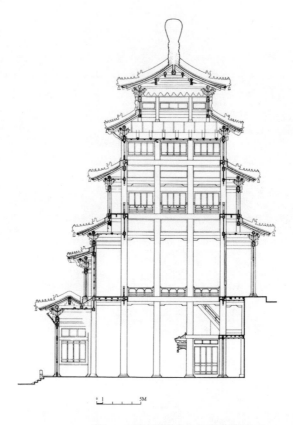

圖41：河北承德普寧寺大乘閣剖面圖

矛盾的過程也就是技術發展的過程。樓閣建築結構形式正是
在高度、空間等方面的使用要求和用材經濟性、構架穩定性
的技術水平之間相互矛盾、相互適應的過程中發展起來的。

長城不僅是世界建築史上“七大奇蹟”之一，亦是中國建築工程歷史的一部簡記。從公元前7世紀到16世紀中葉，長城的建造橫跨二十三個世紀，工程量難以計算，材料也從最初的土築、木板牆到後期的石牆、磚牆。長城不僅是古代重要的防禦工程，也是建築藝術史上的一塊瑰寶。

萬里長城

歷史悠久的工程

　　中國的萬里長城被譽為世界建築史上的七大奇蹟之一，若以工程巨大而論，當為七大奇蹟之首。萬里長城雖然稱作"萬里"，但若將歷代的長城相加，總長要超過十萬里，其分佈範圍遍及中國新疆、甘肅、寧夏、內蒙古、陝西、山西、河北等十六個省、市、自治區。萬里長城不是一條城牆，而是一片城牆。這項規模宏大、氣勢雄偉的軍事防禦工程不僅體現了中國古代建築技術的偉大成就、勞動人民無窮的智慧和高超的技藝，同時也反映出中國建築工程源遠流長的歷史（圖42）。

圖42：北京八達嶺長城

由於孟姜女哭長城的民間故事流傳甚廣，一般人的印象是長城之修建始自秦始皇，其實在秦王朝以前的幾百年長城的修建就已經開始了。公元前 7 世紀的楚國在今天的河南一帶修築了數百里長城，以防禦北方諸侯，稱為“方城”，至今南陽地區尚有“方城縣”的名稱。戰國時代的“七雄”以及中山國等都在各自的邊境上修築過長城以自保，而靠北邊的秦、趙、燕三國為防禦匈奴的侵擾，又在北邊修築了長城。公元前 221 年，秦始皇統一六國，同年派大將蒙恬率軍三十萬北擊匈奴，並在秦、趙、燕三國北長城的基礎上增築起一條西起臨洮（今甘肅岷縣）、東至遼東的萬里長城。至今在甘肅臨洮縣窯店鎮的長城坡、渭源縣的鍬家堡尚有秦長城的遺跡。西漢時期秦長城的東西兩側得到增延，西段延至甘肅敦煌，東段經內蒙古狼山、赤峰到達吉林地區（圖 43）。東漢時長城以內設立了許多亭堠、障塞等輔助軍事工程。

　　南北朝時期的北朝統治者雖然為北方民族，但對柔然、突厥等長城以北的民族並不能完全控制，因此修築長城仍可起到屏障作用。北魏王朝在赤城（今河北赤城）至五原（今內蒙古烏拉特旗）一線修補增築了長城兩千多里。北齊王朝也曾多次修建，天保元年（555 年）修築居庸關至大同一段長城，一次即徵調民夫一百八十萬人。此外，在長城內又築一道城，名曰重城，西起山西偏關，經雁門關、平型關、居庸關至懷柔地區。隋代曾七次修築長城。隋煬帝大業三年（607

圖 43：甘肅敦煌玉門關附近漢代長城遺存

年）修長城徵發男丁一百餘萬。唐王朝的國勢強盛，經濟、軍
事力量空前發展，其行政管轄所及遠達陰山以北地區，因此
經唐之世，未曾修築長城。金代為防蒙古族的襲擊，亦曾在
東北、內蒙古一帶修築過兩道長城。

　　明代為防止蒙古族殘餘勢力南下侵擾，以及東北女真
族勢力的擴張，一直對修築長城非常重視，兩百年間工程不
斷，工程技術也有改進，現今遺存的較完整的長城大部是明
代長城。明太祖朱元璋建國第一年（1368 年）即派遣大將軍
徐達修築了北京近郊居庸關一帶的長城。至 16 世紀中葉，建

成了西起嘉峪關，東至鴨綠江，長達 6000 公里的連綿不斷的長城；在某些軍事重地還修築了二至三道城牆。

清代對北方民族採用懷柔政策，借助宗教力量進行思想統治，輔以軍事征服，取得明顯效果。在相當長的時期內，北方民族並沒有形成對清朝政府的威脅力量。至此，持續了近二十三個世紀的長城工程才宣告結束。

構築雄偉的工程

長城工程到底有多大的工程量，目前還沒有準確地算出來。因為歷代修建的確切地點不清，工程規制不清，重修復修的次數不清，所以很難確算。近人以明代所修的約 6000 公里長城為例來進行測算，若以這些磚石、土方修築一道厚 1 米、高 5 米的長牆，可環繞地球一周而有餘，其工程量之大確實驚人。

從遺存長城的構造情況來看，早期長城多為土築，此外尚有條石牆、塊石牆、磚牆等構造形式。遼東地區還建造有木板牆、柳條牆（又稱柳條邊）。個別地段因山形水勢而構築防禦工事，佔據山塹、溪谷等險要之處，稍加平整，即可設防，不一定建牆。甘肅地區砂磧地帶的長城，因當地取土困難，採取就地取材的原則，用砂礫土加設蘆葦層或柳條層的方法夯築成牆，每 25 厘米加一葦層，牆基尚埋設當地盛產的胡楊木的地樁。一些秦漢時期的這種類型的長城至今尚保留完好，可見其十分堅固。

明代製磚量迅猛增加，北京、山西一帶重要地段的城牆多為磚石構築。居庸關至八達嶺一段是典型工程實例，一般高 8.5 米，其底寬 6.5 米，牆頂寬 5.7 米，有顯著收分。城基以條石砌築，山地坡度小於 25°處城磚、條石與地面呈平行狀砌築；坡度大於 25°時磚石則層層水平疊砌。牆頂墁鋪城磚，形成寬闊的馬道，可五馬並騎，十行並進，陡峻處或做成踏步。兩側為 1 米高的女牆和 2 米高的垛口。每隔一定距離設立敵台一座，敵台有實心、空心兩種，實心敵台又稱牆台，只能在頂部瞭望、射擊，不能駐守。明中葉抗倭名將戚繼光鎮守薊鎮時，建議修建名為"空中台"的敵台："跨牆為台，睥睨四達，台高五丈，虛中為三層，台宿百人，鎧仗糗糧具備。"這種空心敵台進一步增強了長城的防禦能力（圖 44）。

長城的選址具有很高的科學性。一般牆身走向是沿著山脊佈置的。沿脊佈置不僅可控制高地，而且便於排水，兩面泄洪，可免城牆受地面徑流雨水威脅。長城所選山脊兩坡多為外陡內緩的地形，外陡則敵人難攻，內緩則供給聯絡方便。山頂間遇有巨石往往包於牆內，絕不使其孤懸牆外，被敵人利用。跨越澗水則建立水關，多選擇在迂迴之處，水關兩側並有制高點以作掩護、策應。可見古代軍工匠師實地考察，權衡利弊，在城址選擇上確實下了一番工夫（圖 45）。

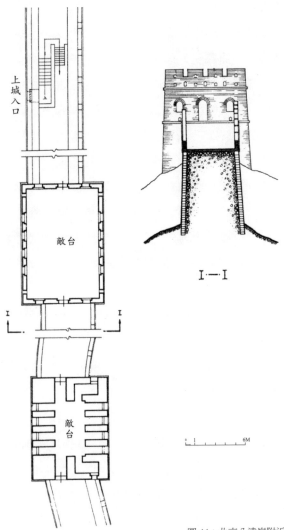

圖 44：北京八達嶺附近長城構造圖

圖 45：北京八達嶺長城

　　歷史上長城所經歷的金戈鐵馬的爭戰年代雖已過去，
但它那雄偉的身姿永遠是中華民族智慧和毅力的體現。這一
點不僅是中國人民的感受，也是所有見到過長城的世界人士
的共同感受。早在兩百年前，英國特使馬戛爾尼由北京赴承
德觀見乾隆皇帝，路經長城時就率真地表露出讚歎之情。他
說，"整個這條城牆一眼望不到邊，這樣巨大的工程真令人驚
心動魄"，"不可想像的困難在於當時他們怎樣運送工料到這
些幾乎無法到達的高山和深谷，並在那裏進行建築，這才令

人驚奇和欽佩"。他還認為古羅馬、古埃及、敍利亞以及亞歷山大的後代都曾築過防禦性的城牆防線，"所有這些建築都被當作人類重大事業而紀念著，但從工程的規模、材料的數量、人工的消耗和建築地點上的困難來看，所有這些防線加起來也抵不上一個中國長城"，"它的堅固幾乎可以同轄罷區與中國之間的岩石山脈相提並論"。萬里長城進入"世界之最"的行列是當之無愧的。

綜合防衞的工程

長城從一開始就不是單純的一道城牆，而是一組相互配合的軍事構築物羣。漢代在建造長城時，同時在沿線設置了許多戍所和烽火台，並且在軍事建制上形成一套"烽燧"制度。據甘肅居延地區發現的漢代木簡的記載，制度規定"五里一燧，十里一墩，三十里一堡，百里一城"。燧和墩都是在敵人入侵時燃放煙火的地方，以傳遞敵情。城堡是屯戍衞卒的地方，敵人進攻時可據城固守，也可策應支援其他沿線地方。煙墩往往設在城牆之外、高山之頂或平地轉折之處。墩上有數間小屋可以住人，報警時白天燃煙，晚上舉火。這種方法一直延續到明代，不過明代長城戍卒燃煙時不僅用柴草或狼糞，而且加用硫磺和硝石，使煙氣更為濃重。放煙時還要鳴炮，規定敵人為百餘人時舉放一煙一炮；五百人時舉放兩煙兩炮；千人以上為三煙三炮；萬人以上為五煙五炮。在古代社會，這種方法不失為快速的通訊手段。在山西一帶，長城的若干烽墩之間還設有總台一座，台周有圍牆環繞，可駐守若干士兵，成為長城的前哨據點。此外另有一種墩台不作通訊之用，而是起防守作用，一般建在長城附近，與城牆互為掎角之勢。墩台、城障還備有其他防禦措施，漢代城台射孔上設計有"轉射"，即一種木製立置的轉軸，軸上有射孔，可以轉動，用以射擊各方向的來敵而不暴露自己。城台腳下有竹木柵或木砦（圖46），以防敵人衝刺，明代多用矮土牆來代

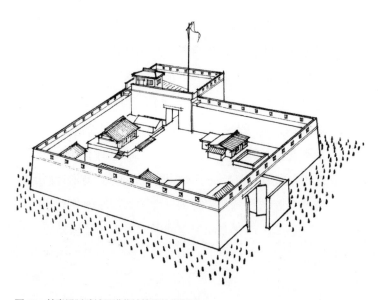

圖46：甘肅居延破城子漢代城障遺址復原圖

替木柵。長城有了這些墩台設施配合，使防禦作用引申到縱深方向。

　　根據軍事防禦要求，長城的總體佈置是有所側重的，在關鍵地段會設置兩道、三道乃至多道的城牆。明代大同鎮的長城外另有一道城牆。北京附近的居庸關長城的內外各增設一道城牆，將 25 公里長的整條關溝全部包在重城之內。山西偏頭關一帶長城多達四道。山西雁門關為大同通往山西腹地的重要交通孔道，因此在關城之外又加築了大石牆三道、小石牆二十五道，還在關北約 10 公里處的山口建廣武營城堡一座以為前哨，防禦措施可謂相當嚴密。凡長城經過的險要山口都設有關隘，設置營堡屯兵，附近多建墩台，重要關口尚沿縱深配置多座營堡。著名的關口除北京附近的居庸關，始、終點的山海關，嘉峪關外，尚有偏頭關、寧武關、雁門關、紫荊關、倒馬關、殺虎口、古北口、喜峰口等多處。

　　山海關城倚山臨海，形勢險要，是東北通向華北的咽喉。長城從北面蜿蜒而下，連接關城，繼續南下直入渤海，當地人稱伸入海中的墩台為 "老龍頭"。關城四方形，四面有門及城樓，東西城門外各建羅城一道，東羅城外尚有煙墩、土堡以及威遠城，作為面向遼東的前哨陣地。城關南北沿長城還有兩座翼城以為輔翼。圍繞關城的前後左右四面皆有城堡，故當地人又稱山海關城為 "五花城"（圖 47）。嘉峪關城為四方形，約 160 米見方，南北面設敵樓，東西門設城樓。

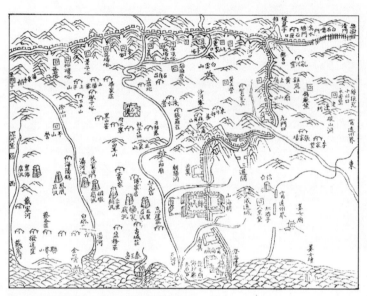

圖47：《臨榆縣志》所載山海關長城關塞圖

東西門外皆設甕城一座，城牆四角設兩層的磚角樓，關城之外又包以羅城一道。因羅城西面實為長城之盡端，面向通往新疆的要道，故這部分城牆加厚，增建城樓及角樓。

　　長城的軍事作用在今天的科學技術面前已失去昔日的意義，但蜿蜒於層巒疊嶂之間的雄關長牆、矗立於崇山峻嶺上的烽堠墩台，綿延起伏，遙相呼應，在建築藝術上依然給人留下深刻的印象。

方整平直的街道方格網系統堪稱中國傳統城市規劃佈置最重要的特色，這一形式來源於里坊制。里坊制及與其相應的閭里制度早在戰國時代就已經成形，並一直延續至漢、唐，直到宋代才被街巷制完全替代。里坊制與街巷制不僅是中國古代城市規劃的"標配"，還影響到東亞其他國家。

7

里坊與街巷

里坊制

中國傳統城市規劃佈置方案中，以方直平整的街道方格網系統最具濃厚的東方特色。當然在南方水鄉也不乏彎曲幽隱的街巷；西南山區也有不少因山就勢、道路迂迴的山城，但在中國大部分地區，尤其是黃河流域一帶，以方格網街道佈局的城市數量最多。

方格網街道的形成主要是受傳統的城市規劃形制 —— 里坊制，以及與里坊制相對應的城市管理制度 —— 閭里制度的影響。早在戰國時代成書的《管子》與《墨子》二書中就提到了這種以"閭里"命名的居住區。從《周禮》一書中可以得知，閭里是國家行政管理組織中的一級組織名稱。在周代，天子王城附近區域稱為郊區，稍遠的地區稱為甸區，郊與甸都屬王城管轄，稱為王畿。郊區中的居民按五家為比、五比為閭的方式組織起來，即是二十五戶人家為一基層單位"閭"。再往上還有族、黨、州、鄉各級組織。在甸區中的居民也是按五家為鄰、五鄰為里的方式組織起來，也是二十五戶人家組成一個基層單位"里"，再往上還有酇、鄙、縣、遂等。這種行政管理組織與田制、軍制、賦稅制相互適應。一閭的居民需為國家出兵役二十五人及戰車一輛；一里的居民需為國家出徒兵二十五人並承擔國家軍賦。為此，在王畿地區形成的最小城邑單位就是"閭""里"。當然較大的城邑也可以包括較多的閭里。這種閭里制的城邑都設有里垣、里門，內部有十字相交的街或巷。這種閭里制度不僅實行於郊區，也實行於王城城內及大城邑（圖 48）。閭里制度的規格化要求城市佈局規劃成方格網形式最為合理，每一塊方格用地面積也要大致相等。每一塊封閉式的方格用地稱為里或坊，而"閭"的含義則轉化為坊門，這就是里坊制的由來。

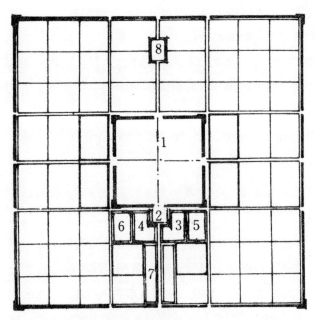

1.宮城　2.外朝　3.宗廟　4.社稷　5.府庫　6.廄　7.官署　8.市

圖 48：周代王城閭里示意圖

每塊里坊四周都有封閉的坊牆包圍，除大官、貴族的府第以外，居民一律不准沿主街開設門戶。夜間關閉坊門實行夜禁制度，傍晚街鼓一停，居民不得上街通行。每個坊內有獨立的管理機構，猶如城中之城。也可以說中國古代城市是集合若干個小城而形成的大城。古代城市的社會組織關係雖然在變化，可是以里坊制為核心的方格規劃系統卻延續了很長時間。到了清代，雖然里坊制已廢而不存，但仍以坊名命名城市各街區。近代城市如天津等地，出現了出租的並列房屋小區，也以“里”來命名，如永壽里、親仁里等。

從漢長安城到唐長安城

　　春秋戰國時期城市居民區劃分形式不詳，但文獻記載是閭里制的。漢代長安城中有閭里一百六十個、八萬戶居民，我們知道名稱的有宣明、建陽、昌陰、尚冠等八九個區，史稱這些閭里內“室居櫛比，門巷修直”，可知是規劃得比較整齊的居住區。因在長安城中尚佈置有未央、長樂、桂宮、北宮、明光等五座大型宮殿，以及武庫、市場等建築，所餘的居住用地有限，故推測漢代閭里的規模都是比較小的。也可能有一部分閭里設在內城之外、廓城之內。因漢長安城是逐步建設形成的，官府、民居、宮殿混雜相處，規劃分區並不十分明確（參見圖 30）。

　　三國時代，曹操經營鄴城作為國都，他把城北半部劃為宮殿、苑囿、衙署及貴族居住區，城南半部為一般平民居住區，劃分為嚴整的坊里，嚴格區分開統治者與平民的居住地段（圖49）。

北魏洛陽城是在漢晉洛陽城的基礎上重建的，北倚邙山，南臨洛水，地勢較平坦。由外廓、內城、宮城三重城垣組成。宮城居中偏北，城內劃分有三百二十個里坊，居民有十餘萬戶，有的里坊內居民達兩三千戶。一般里坊規模為一里見方，四面開門，並在坊內設里正等官吏管理坊內居民。根據城中公共建築的分佈情況，北魏洛陽城的里坊居民多按

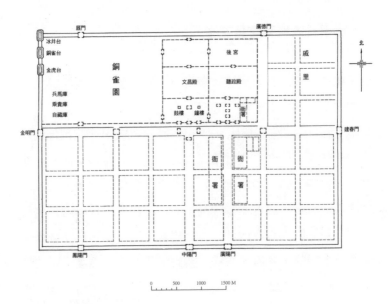

圖49：曹魏鄴城平面示意圖

從業性質集中居住。如靠近西廓牆的壽丘里是皇子居住區，號稱王子坊；近洛陽大市一帶有通商里、達貨里等手工業或商人居住區；城南四通市附近有白象坊、獅子坊、四夷里等夷（外）商居住區；東陽門內太倉附近有治粟里，是為倉庫管理人員的居住區。

唐代長安城是在隋代大興城的基礎上擴建的，東西 9721 米，南北 8651 米，周長 36 公里，城牆範圍內佔地 8300 公頃（83 平方公里），這是封建社會中規模最大的城市，也是按里坊制規劃的最典型的城市。總體佈局中的宮城、衙署、民居三者嚴格分開，"不復相參"。宮城在城北居中，其南為皇城，設置了中央集權的官府衙門、倉庫、禁衛部隊等。皇城三面被居住里坊包圍。城區內有南北大街十一條，東西大街十四條，直角相交，形如棋盤。居住區共劃分成一百零八個坊，沿城市中軸線的朱雀大街兩側的坊的面積最小，為 30~40 公頃，皇城兩側的坊最大，為 80~90 公頃，其他的里坊為 50~60 公頃。總的說來，比漢長安、北魏洛陽的里坊面積增大許多。坊里有嚴格的管理制度，日出開坊門，日落時敲街鼓六十下後關坊門。

唐長安城的城市總圖中，對市場的位置作了嚴整的規劃，在東西主幹道兩側各設一區集中市場，稱為東市和西市，各佔兩坊之地。市中開闢 "井" 字形街巷，佈列一百二十個行業的商店建築。東市集中為貴族、官僚服務的各種商業，西市集中較多的外國商人店舖（參見圖 31）。氣勢雄偉、規劃嚴整的唐長安城對當時東方的城市建設影響很大。當時地處東北地區的渤海國上京龍泉府及日本平城京和平安京的規劃佈局基本上是仿照長安城的規劃建設的。

宋汴梁城的街巷制

里坊制及夜禁制度已經不再適合逐漸演進的封建社會生活，從城市街景來說也極為單調，沿街兩側皆為高大的夯土坊牆與槐樹行列，一望無垠，缺少變化。隋唐時期南方一些商業發達的城市 —— 如揚州等地，已經取消了夜禁制度。至北宋建都汴梁城（今河南開封）時，在城市居住區規劃佈局上就完全廢除了里坊制，而代之以街巷制。汴梁城自五代後周世宗柴榮時期即開始了改建工程，北宋時期又多次進行擴建，展寬道路，疏浚河道，劃定植樹地帶，取消坊牆，沿街設店，形成人羣熙攘的商業街面貌。經營金銀交易的行業多聚在宣德門東的潘樓街一帶，日用品商業在土市子街、相國寺街及東南角門一帶，城內還有些街道的商店通宵營業，形成夜市或曉市，如朱雀門外御街或州橋一帶。此外在各條街道上還開設了作坊、倉庫、酒樓、戲館、飲食店、邸店、瓦子（遊藝場）等各類商業、服務業場所，在不寬的街道兩邊密佈張燈結綵的商店，這種歡鬧的城市景象，被描繪細緻的宋畫《清明上河圖》生動地再現出來（圖 50）。

圖 50：宋畫《清明上河圖》（局部）中的街道

汴梁城的道路網佈置與漢唐相比，街道寬度明顯變窄，而且密度增大，街巷間距很小。這種現象與城市生活的變化有著密切關係。宋代城內增加了大量城市平民，從事各種手工業和服務業，這種人家戶型較小，每戶用地佔地不多，與漢唐時期城市中居住著大量官僚地主、每戶都是佔地廣闊的深宅大院的情況有所不同。自宋以後，城市中雖然仍保留坊名，但那只作為城市保甲管理的範圍標誌，各坊之間已經沒有牆垣為限了。

元大都的胡同

街巷佈局之法在南方水網地區早就實行了，特別是結合城市水系在城市街道系統中佈置的一條條水巷，更增加了水鄉特色。蘇州的居住區規劃可稱為典型：它的城市道路呈方格形，以通往城門的幾條道路為骨幹大街，大街之間佈置較小的巷道，多為東西方向，另有許多人工開鑿的小河與巷道平行佈置。許多住宅常常是前門臨街，後門沿河。這些河巷不僅解決了雨水、污水排放問題，而且是重要的交通脈絡，自太湖、運河來的船舶可以沿河流、水巷直達居住區內各座住宅門前，補充陸路運輸之不足。

元代大都城（今北京）的規劃中，將這種多數平行的東西向小街稱之為"胡同"。"胡同"的詞意有人說是蒙語"浩特"的音轉，即人羣聚居之處；亦有人說為"火巷"的音

轉 —— 汴梁城在柴榮改建後，城內增加了許多東西平行的小巷，因其便於救火，故稱火巷。但"胡同"一詞確切的詞源尚待考證。

以胡同為基礎的元大都居住區規劃是以一個住宅單元用地為規劃依據的。據《析津志》載，元大都"大街二十四步闊，小街十二步闊"，另有"三百八十四火巷，二十九衖通"。按此街道等級推算，胡同為六步闊。又按大都街道胡同的一般劃分距離，胡同間距為五十步，除去六步胡同寬，則住宅用地深度為四十四步。胡同長度約為住宅用地深度的十倍，即四百四十步長。以此折算，一條胡同住宅用地約為80畝。元代規定一般平民住宅用地為八分地，可建一獨院的四合院，即一條胡同內可容一百戶人家。而貴戚、功臣的住宅最多不超過 8 畝地，這塊面積約可建一座前後臨街、四進院落、三條縱軸的大型四合院，即一條胡同可佈置大型住宅十座。但在實際設置過程中，某些貴族、功臣住宅以及敕建寺廟往往不遵此限，佔地縱深達數條胡同，所以遺存至今的明清北京城出現了許多丁字形、曲尺形的胡同或死胡同，破壞了元代規整的佈局。封閉里坊制消除後，坊牆坊門也不存在了。明代弘治年間，為維護城內社會治安，便於緝盜，曾在各條胡同口設置柵欄門，晨昏啟閉。據《大清會典》記載，清初北京城內城曾有大小柵欄一千一百餘座，外城柵欄四百四十餘座。柵頂皆釘有木板書寫胡同名稱。清末由於商

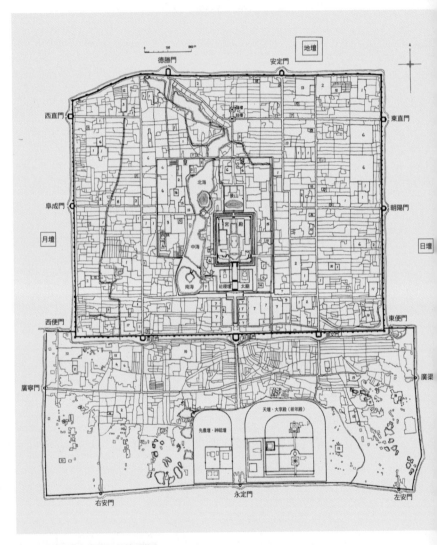

圖 51：清代北京城圖（乾隆時期）

業、服務業的發展，柵欄逐漸廢棄，前門外"大柵欄"的名稱即是歷史的遺跡（圖51）。

　　中國近現代城市居住區又有改變。一般沿海商埠為了房戶出租的需要，設計建造了一批批聯排式的出租住宅，採用一條條平行的胡同方式來佈置，並沿用傳統的里、坊、巷、弄等名稱，但大多數是死胡同。中華人民共和國建國以後的新城市進行了大規模的成區成片居住區建設，採用街坊與小區等規劃方式，將道路系統融合在居住區規劃之中，居住建築呈現向外開放的面貌，改變了以街道劃分居住用地的概念，隨著社會的發展，傳統的里坊制和街巷制的規劃方式已逐步退出歷史舞台。

佛教作為各國各地之間的文化傳播媒介，在建築的交流中也發揮了不可忽略的作用。中國的石窟、佛塔等建築形式均由印度傳來，而中國的佛寺建築又深深影響了日本寺院的營建。在古代，國家間的政治、經濟交流往往較為困難，而宗教卻能打破國界的藩籬，促進文化間的融合與發展。

8

寺塔建築中所反映的中印、中日文化交流

石窟寺

古代世界各地區、各國家間文化的傳播交融往往受各式各樣因素的影響。如馬其頓王亞歷山大東征印度，將希臘文化傳佈到東方，形成印度文化中的"希臘風"時期，這是戰爭的媒介；中國開通絲綢之路，將漢唐文明傳入西亞、歐洲，這是經濟的媒介；7世紀穆罕默德借助伊斯蘭教的傳播，將阿拉伯文明傳入中亞及非洲，這是宗教的媒介。而在中國古代建築的發展歷史中，佛教作為各地各國間的文化傳播媒介，更是顯而易見的。有許多實例足以說明此事，石窟寺的開鑿即為一例。

石窟寺是在山崖上開鑿洞窟供養佛像的一種寺院。在漢代，中國工匠即已掌握了這種鑿崖的施工技術，但多用於墓葬工程，河北滿城漢中山王劉勝墓即是開鑿在山崖中的一個洞窟，長達52米，空間容量為3000立方米。四川廣漢、樂山一帶在漢代亦曾大量開鑿崖墓。東漢時期佛教從印度傳入中國後，開鑿石窟寺的風氣風靡一時，令石窟寺成為一種重要的建築類型。

石窟制度起源於古代印度的佛教建築。印度石窟有"支提"窟和"毗訶羅"窟兩種。"支提"窟又有"招提""制底""制多"等名稱，是梵文譯音不同的緣故。這種石窟的形制多為瘦長的馬蹄形，周圍有一圈柱子，在裏端，即馬蹄的半圓部分，中央安置一座小型"窣堵坡"（佛塔），作為禮拜信仰的對象。塔前就是集會的場所。因此支提窟可以說是佛教徒的禮拜殿。"毗訶羅"窟又稱"僧院"或"精舍",其一般的式樣是在石窟中央設一方形或長方形廳堂,圍繞廳堂的正、左、右三面開鑿許多僅一丈見方的小窟室,作為僧人坐禪之處。這種石窟可說是佛教徒的靜修院。公元前 2 世紀至公元 9 世紀間,印度北方約開鑿了一千二百餘座石窟。其中較著名的有卡爾里石窟及阿旃陀石窟(圖 52)。這些石窟都為羣窟,

圖 52:印度阿旃陀
(ajanta)第二十六窟入口

既有支提窟也有毗訶羅窟。

　　石窟寺制度約在公元 3 世紀傳入中國，經由克什米爾、阿富汗一帶的大月氏國，在貴霜王朝時傳入中國西部的新疆。位於天山南路的庫車、拜城一帶著名的庫木吐喇千佛洞及克孜爾千佛洞即是這個時期開鑿的。此後繼續東傳，東晉時期在甘肅敦煌地區開始開鑿舉世聞名的藝術寶庫 —— 莫高窟（圖 53）。此後經由陝西，進入山西及中國北方的黃河流

圖 53：甘肅敦煌石窟
第二〇一窟壁畫

域。北魏王朝的石窟寺建造規模最為宏大，如山西大同的雲岡石窟（圖 54）、河南洛陽的龍門石窟（圖 55）、甘肅永靖的炳靈寺石窟、天水的麥積山石窟（圖 56）、河南鞏縣石窟、遼

圖 54：山西大同雲岡石窟第十窟前廊

圖 55：河南洛陽龍門石窟路洞北壁屋形龕石刻

圖 56：甘肅天水麥積山石窟西崖全貌

寧易縣萬佛堂石窟都是這個時期開鑿的。北齊時期繼續開鑿的石窟工程計有太原的天龍山石窟、河北邯鄲的南北響堂山石窟、山東益都的駝山石窟等。隋唐時期在各主要石窟中續有開鑿。中國南部的石窟開鑿時間較晚，除南京棲霞山外，雲南、四川尚有不少石窟，著名者如四川大足、廣元、樂山及雲南劍川南詔時期的石窟等。

中國石窟雖肇始於印度，但並不墨守印度形制，而是結合自身情況創制出自己的石窟建築藝術。中國石窟內皆有佛像及佛塔，按此規制應屬於印度"支提"窟形。但詳細分析卻有較大不同，中國石窟平面多為方形，並且不用列柱，與印度的馬蹄形及列柱廊不同；中國石窟內的佛塔多在窟之中央，直接承接窟頂，形成塔柱，加強了窟頂構造，這一點也與印度不同；有些石窟四周壁面通雕無數小佛龕，稱之為千佛洞或萬佛堂，這也是中國石窟藝術的新特色；印度支提窟內有較大面積作為信徒集會之處，而中國石窟多在窟外接建木構建築作為禮拜之處。可以說中國石窟是在吸取外來文化因素基礎上的新創作。至於後來石窟內造像多用泥塑，窟頂雕飾藻井，像後立有扇面牆，窟外有仿木構的廊柱雕刻等，這些多是依據當時一般佛寺的殿堂建築形貌為藍本建造的石窟，與印度石窟風格迥異。國內建築史學家往往通過對石窟形制的研究來了解中國歷代木構佛寺的形制。石窟不僅是輝煌的藝術巨構，而且對建築史的研究也具有重要的史料價值。

塔及喇嘛塔

研究中國古代建築史的學者經常按形式將中國古代佛塔劃分為五類：樓閣式塔，如山西應縣木塔；密簷式塔，如西安小雁塔；單層塔，亦稱龕盧式塔，如山東歷城四門塔；喇嘛塔，即瓶式塔，如北京妙應寺白塔；金剛寶座式塔，如北京五塔寺塔。這些塔型與印度佛教建築的淵源關係一直是學者們研究的有趣課題。有人認為樓閣式塔為中國傳統的樓閣建築的頂部加上一個印度的墓塔而成。這類墓塔在印度稱為“窣堵坡”，其形狀為一半球狀的實心塔身，上部為一方形寶匣及傘蓋狀的相輪。窣堵坡與中國樓閣建築結合以後體量縮小，加高了相輪部分，成為塔頂的結束性裝飾構件，稱之為"剎"。樓閣式塔的造型是以中國傳統建築為主，適當吸收印度建築形式而成的。有人認為密簷式塔不是中國的傳統形式，它是仿照印度婆羅門教的天祠建築形式建造的。天祠建築是一種方形平面的高層建築，上面密密層層地疊砌出許多層簷口，其外形輪廓有緩和曲線，逐漸收殺至頂。與現存的小雁塔造型很是接近。但印度天祠建築與印度佛教建築的關係，以及如何東傳至中國，現在尚未找到確切的根據與論述。

　　有記載說喇嘛塔的藝術造型是受印度、尼泊爾佛教建築的影響。這還要從"窣堵坡"說起。窣堵坡即佛祖或聖徒的墓塔，是印度佛教徒的供養對象。目前最大的一個窣堵坡為

圖 57：印度桑吉佛塔

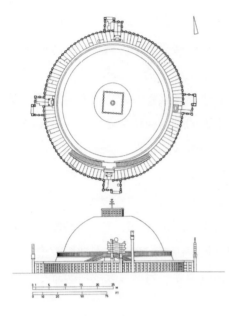

圖 58：印度桑吉佛塔（窣堵坡）結構圖

建於公元前 250 年的桑吉大塔，它的半球形塔身直徑達 32 米，是印度著名的古建築（圖 57、圖 58）。這種窣堵坡式塔傳入中國後並沒有得到廣泛的發展，形成獨立的塔型，僅在單層和多層塔的頂部依據其形制做成塔剎，或者個別高僧死後的墳墓做成近似的窣堵坡形。

印度窣堵坡傳入尼泊爾以後又增添了當地的民族特色：半球形塔身逐漸變高，並在四面加設了假門，頂上的寶匣及傘蓋變成一個高聳的方形十三層密簷塔，最上以華蓋結束。最典型的例子是加德滿都附近的薩拉多拉塔。中國西藏地區佛教在接受印度的密宗佛教及當地的苯教教義形成喇嘛教以後，由於地理上的因素，在佛塔的造型上更多受到尼泊爾窣堵坡式塔的影響，逐漸形成獨特的喇嘛塔造型 —— 高高的基座，近圓桶狀的塔身，收縮的塔脖子，上接十三層環狀物，稱之為 "十三天"，最上覆以華蓋。喇嘛塔傳入內地也是借助於外國工匠之手，其間還有一段佳話：元代忽必烈統一中國，定喇嘛教為國教，封高僧巴思八為國師，統領全國喇嘛教。有一次，巴思八在修建西藏某地佛塔時，對尼泊爾年輕匠人阿尼哥的技藝非常欣賞，遂把他帶回大都城。阿尼哥供職於元朝政府達四十餘年之久，總管兩京寺觀及佛像的建造事宜，並培養出不少技藝高超的匠師。保存至今的北京妙應

圖 59：北京妙應
寺白塔

寺白塔就是他的作品（圖 59）。明清兩代的喇嘛塔雖然在造型上有些變化，但其基本風格仍保持著元代的形制。喇嘛塔的演變與傳佈事例，清楚地顯示出中印、中尼之間文化技藝的交流關係。

金剛寶座塔

北京西直門外動物園北邊有一座殘毀的明代廟宇，叫作正覺寺。寺內殿宇已不存，唯餘一座石構的佛塔。該塔有一高大的方形基座，座上按中心四岔方式佈列五座密簷式小塔，故人們習慣稱該寺為五塔寺，佛塔稱五塔寺塔（圖 60）。在佛教建築中，這種類型的塔被稱為 "金剛寶座塔"，是創始於印度的一種塔型。有關正覺寺塔的文獻皆稱，在明永樂年間，一位中印度的僧人攜來金剛寶座規式入貢朝廷，明政府 "準式建寶座"，建立該

圖60：北京正覺寺塔（五塔寺塔）

塔，故“與中印土寶座無以異也”。這說明五塔寺塔的建築包含著一段中印文化交流的因緣。

　　經考察，印度比哈爾邦南部的佛陀迦耶城的大塔與正覺寺塔十分相似，故知所謂“中印度的僧人帶來的金剛寶座規式”即是佛陀迦耶塔的形制。佛陀迦耶是印度佛教“四處”（即佛祖釋迦牟尼的出生處、成道處、說法處、入滅處）之一。釋迦死後，佛教徒為紀念他，分別在上述四處建塔作為供養聖地。相傳釋迦離家出走，苦行六年，來到佛陀迦耶的一棵菩提樹下結跏趺坐，大徹大悟，而成無上正覺。為紀念釋迦在此成道，公元前 3 世紀的阿育王曾圍繞菩提樹建立一座精舍，後來精舍又歷經改建，成為一座在方形高基座上有五塔聳立的佛教紀念物（圖 61）。傳說釋迦在菩提樹下成道的這塊地方與地極相連，為金剛所構成，能經受大震動而不毀，過去及未來諸佛皆於此成道，故稱金剛座，在此地所建之塔即稱金剛寶座塔。這座五塔高聳的建築物據說是 12~13 世紀由緬甸的工匠設計建造的，至今在緬甸的古代建築遺存中尚有不少這種五塔形制的建築。

　　那麼，這類五塔的建築造型在佛教經義上有什麼象徵意義呢？在佛教世界觀中，宇宙的中心為一座高山，稱須彌山，又稱妙高山，高八萬由旬，周圍為大海所環抱，海中有四大部洲、八小部洲。須彌山上住的是神仙，山頂的主峰周圍四隅尚有四小峰，為須彌山守護神金剛手夜叉所居，故以

圖 61：印度佛陀迦耶塔模型

五峰為須彌山代表性特徵。金剛寶座塔的造型正是以五峰特徵來表現佛國天界的須彌山，五塔寺塔高基座的上端石欄往往雕出山形紋飾，據此也可知其確為神山的象徵。

金剛寶座塔自明初傳入中國以後，陸續在各地建立不少同類佛塔，但各有特點。如雲南昆明妙湛寺金剛塔是在高基台上建五座瓶式喇嘛塔，其基台四面作券洞，可以十字對穿，是模仿傳統城市鼓樓的形式；呼和浩特市慈燈寺金剛寶座舍利塔，造型雖與正覺寺塔類似，但塔身全部以雕磚作為裝飾材料，並配以綠色琉璃瓦簷。北京碧雲寺金剛寶座塔的基台上除五座密簷塔以外，又增加了兩座喇嘛塔，成為七塔並峙的格局；北京西黃寺清淨化城塔是為紀念六世班禪而建的，全部為漢白玉石砌築，中央為瓶式大塔，四隅改為八角塔式經幢，是金剛寶座塔的變體。此外，北京玉泉山靜明園的妙高塔、山西五台山圓照寺塔亦為金剛寶座塔，但基台上的五座小塔全為瓶式喇嘛塔。由上可見，古代匠師在吸收外來文化的時候，"師其意，不拘其法"，時刻保持著"推陳出新"的創作精神。

唐招提寺

日本的佛教建築很早就受到中國的影響，據傳雄略天皇時（5世紀）曾有百濟（今朝鮮半島南部）的工人按照中國的規矩製作了一座陶製樓閣，獻於天皇。6世紀時更進一步，百濟的建築工人按中國建築的做法在日本建造一座寺院，名為法興寺，是為中國建築輸入日本之開端。日本奈良市著名古建築——法隆寺亦是同時期的建築，其中有許多木結構設計手法，明顯與中國的建築有著淵源關係。但這個時期的中日建築技術交流活動都是通過朝鮮半島諸國間接傳遞的。奈良的唐招提寺是第一個直接把中國本土建築技術傳至日本的實例，鑒真和尚是第一位傳人。

鑒真是揚州人，生於公元 688 年，幼年出家遊學長安與洛陽，後歸揚州主持大明寺，是江淮一帶知名的高僧。742年，日本天皇遣人聘請鑒真去日本講學。鑒真欣然同意，率弟子東渡，經過六次試航失敗，最後才到達日本，受到朝野僧俗的熱烈歡迎。天皇特別遣使慰問，並委託他為全國僧人受戒，禮遇隆重。鑒真傳授戒律，建築佛寺，教育僧徒，在日本生活了十年，於 763 年死於日本。平城京內的唐招提寺即是他協同弟子們在抵日後首先建造的，作為傳佈律宗的基地（圖 62）。招提寺面闊七間，進深四間，單簷廡殿頂。正脊兩端的鴟尾狀如彎月，柱頭上斗栱碩大，疊置雙層栱方，室內樑身做成月樑形，天花是棋盤式的平基頂，窗為直櫺窗，是一座典型的唐代風格的佛寺大殿，與現存西安大雁塔門楣石刻的唐代佛殿狀貌極為近似（圖 63）。鑒真不但將佛法傳佈到日本，還把中國的建築技術介紹到日本，為日本佛寺建築的發展提供了極有價值的參考資料。

圖 62：日本奈良唐招提寺大殿

圖 63：陝西西安大雁塔門楣石刻

大佛樣

"大佛樣"是日本對一種佛教建築式樣的稱謂。該式樣又稱"天竺樣",是在 12 世紀末由日本著名僧人重源從南宋引進的建築式樣,與當時流行於日本的"和樣"建築有較大的不同。"大佛樣"在日本流行的時間不長,即被日本僧人榮西等人從南宋江浙地區引進的另一款建築式樣 ——"禪宗樣"所代替了,但在中日建築技術交流方面,這是一個很重要的事例。日本建築界公認的"大佛樣"建築為奈良東大寺的南大門(建於 1197 年,圖 64)及兵庫縣淨土寺的淨土堂(建於 1192 年),又因為這種構造形式首先用於東大寺大佛殿的營建,故稱之為"大佛樣"。這類建築的特點就是室內不用天花,樑架間用短柱托墊,柱身上多層使用插栱,不設橫向的華栱,用方形的椽子,椽頭不露明,蓋以封簷板,樑頭、昂咀皆有雕飾,這些都具有濃厚的中國南方建築的特色。經專家研究,已經認明該建築式樣是來源於中國南方的福建省,與福建現存的幾座宋代建築,如福州華林寺大殿、莆田玄妙觀三清殿、泰寧甘露庵、泉州開元寺仁壽塔等在構造細部上皆有相同之處(圖 65)。同時也可估計到,要像這樣詳盡地模仿工作,恐怕不是簡單的圖樣交流所能解決的,很可能在重源三次入宋的時候,聘請了福建工匠去日本指導建造工作。

說到此處,我們還可回憶起在雕塑鑄造方面的一樁中日文化交流史實:上述提及的東大寺的大佛殿中曾有一尊高達

圖 64：日本奈良東大寺南大門

圖 65：福建福州華林寺大殿內簷斗栱

16.2 米的銅鑄盧舍那佛，8 世紀時開始鑄造，屢鑄屢壞，公元 1180 年，大佛頭部及右手在戰火中全部燒毀，無法復原。為此重源和尚特地聘請中國寧波的鑄造師陳和卿赴日擔任總鑄師，領導大佛重修工程。在陳氏兄弟及中國匠師五人、日本匠師十四人的努力下，大佛於 1182 年動工重鑄，僅用了七個月時間就補鑄修理完畢。可以說奈良東大寺的建築與塑造工作中都浸潤了中國匠師的智慧和技藝。

禪宗樣及其他

佛教禪宗流派傳入日本以後，為了探求適合禪宗宗教活動的寺院式樣，許多日本僧人做了不少努力。首先他們從中國尋求參鑒的材料。12 世紀，僧人榮西曾多次入宋，並按中國禪院的模樣在日本京都地方建造了建仁寺。13 世紀又有中國四川的高僧蘭溪道隆赴日傳法，也按中國禪宗規範建造了建長寺。後來又有寧波人祖元赴日開創了圓覺寺。據文獻記載，在建造圓覺寺的過程中，日本曾派工匠去宋朝的徑山佛寺參觀學習中國佛寺的建築形制，也有傳說曰有中國工匠隨同日本工匠一起赴日協助建造該寺。總之，由於中日建築間的不斷交流，至 13 世紀末日本出現了另一種佛寺新形式，被日本建築史家稱之為“禪宗樣”，該建築形式在日本保持了一段很長的歷史時期。

清代旅居日本的華僑日益增多，大多聚居在長崎一帶，為了保持自己的佛教信仰，人們大多自己建造佛寺，並聘用中國工匠在國內預製好以後運到日本組裝起來，同時也招聘中國僧人去日本擔任寺院方丈。這期間著名的事例為福建黃檗山萬福寺的主持僧隱元赴日一事。隱元按中國形制在日本建立了一座同名的寺院，對日本近代佛教建築發展很有影響。在那時閉塞的社會裏，政治、經濟方面的國際交流往往受到社會條件的制約，而在宗教信仰方面卻能打破國界的局限進行交流傳遞，同時促進文化方面的融會與發展。

儘管中國古代建築以木構為主，但以磚石為材料的拱券結構也有著極其廣泛的應用，特別是在橋樑及防火要求高的地面建築上。中國拱券結構隨著建築技術與建築材料的進步逐漸發展成熟，在技術、藝術上都具備極高的水準。

9

趙州橋與拱券結構

趙州橋

歌謠《小放牛》中有幾句膾炙人口的詞句："趙州橋，魯班爺修，玉石欄杆聖人留，張果老騎驢橋上走，柴王爺推車軋了一道溝……"這座趙州橋就是建於隋大業年間（605—617年）的趙縣安濟橋，中國石拱結構的瑰寶、橋樑史上的巨構、河北省四大聖跡之一（圖66）。

趙州橋是在名匠李春主持下建造的，坐落在縣城南門外5里的洨水之上。橋身是一道雄偉的單孔弧券，跨度達37.37米，券身由二十八道並列的單券組成。它不僅跨度大，而且選用的是矢高較低的弓形券，券身弧線僅為圓弧的60°角部

圖66：河北趙縣安濟橋（大石橋）

分，由此推算整個半圓弧的跨度達 55.4 米。為了保證大橋各道券身的穩定，除了在券背砌上一層伏石，增加一道鉤石，鉤住大券外表面及券間加設聯繫鐵條之外，主要的措施是將券身兩端基部尺寸加闊，券身中部尺寸減少，形成細腰狀態，各道單券自然向中心傾側而互相壓緊。這是一項設計周密、構思巧妙的措施。兩端券背之上又增設了兩個小圓券，名為"空撞券"，即唐代名人張嘉貞所作的《安濟橋銘》中所描述的"兩涯嵌四穴，蓋以殺怒水之蕩突"的狀貌。這種空撞券的處理方法一方面可以防止洪水季節急流對橋身的衝擊，一方面可減輕橋身的自重，再者還可形成橋面的緩和曲線，便於車輛行走。空撞券法表現出古代工程設計中所包蘊的科學精神。歐洲直到 14 世紀才在法國南部塞雷（Ceret）的某座橋樑上使用空撞券法，較趙州橋晚了七百餘年。

時至今日，趙州橋不僅仍以其優美的藝術造型為人所歡賞，在工程意義上亦繼續發揮著作用。在一些農村我們還會發現不少類似趙州橋式樣的公路橋，其中有些不用石材而採用鋼筋混凝土建造。

拱券結構

中國古代建築長期以來以木材作為主要結構材料，因此樑柱式結構（包括簡支樑或懸臂樑）應用極為廣泛。誠然，這一點與歐洲的磚石建築體系大量應用拱券結構有所不同。但仔細觀察就會發現，中國的拱券結構也有自己發展的源流與成就，傑出的趙州橋就是明證。一般來講，早期的拱券結構多用於地下陵墓建築，後來才發展到橋樑以及防火要求高的地面建築上。

為了克服木槨墓室容易朽爛的缺陷，西漢中葉出現了用條磚砌築的筒券結構墓室（圖67）。當時由於膠結材料僅用黃土膠泥，強度低，砌築用的拱券磚有的做成楔形，有的是帶有榫扣的子母磚，以加強拱券內部聯繫。當實踐中認識到拱券磚只承受壓力的原理以後，這種加強方式也就不再應用了。

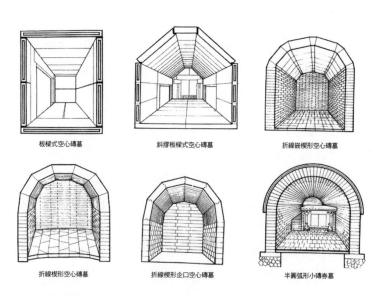

板樑式空心磚墓　　　　斜撐板樑式空心磚墓　　　　折線崁楔形空心磚墓

折線楔形空心磚墓　　　　折線楔形企口空心磚墓　　　　半圓弧形小磚券墓

圖67：漢墓磚拱券構造圖

筒券結構一直是地下墓室的主要結構形式，一直延續到明清時期。在明十三陵的定陵地宮、清東陵裕陵地宮中都可看到修築得十分精緻堅固的筒券結構，兩千年來，筒券結構的發展變化表現在矢高加高，跨度加大，改用石灰膠泥，由並列式改進為縱聯式砌築，券上加一道稱為"伏"的扁券以加強聯繫，說明此時對筒拱結構的使用已經很成熟了。自唐宋以來，它也大量被用於磚塔及橋樑。軍事上，隨著火器的發明，自元代開始，城門洞也由木構架轉變為磚砌筒券結構，以防禦火攻。明代以後製磚業發達，一些防火要求高的建築如藏書樓、檔案庫等也改用磚石筒券建造，一般稱之為"無樑殿"。

與筒券結構並行發展的還有拱殼結構，約產生於公元前1世紀的西漢末期，也是首先用於地下墓室的一種結構。它與筒券的不同點是可以將頂蓋的荷載均勻地傳佈在四面牆壁上，而不是左右兩壁。拱殼適用於方形或長方形墓室，地面建築應用這種結構的實例不多。宋代以後伊斯蘭教在中國傳佈開來，圓拱殼屋頂才在禮拜殿建築中得到應用。如杭州的鳳凰寺，主殿屋頂即是三個圓拱殼結構。至於新疆的維吾爾族建築，由於受到中亞的影響，採用土坯發券及砌築拱券的例子也是很多的（圖 68）。

拱券結構在建築上應用雖然不夠普遍，但在橋樑上卻是主要形式。據記載，在北魏時期即出現了單孔的石拱橋，稱

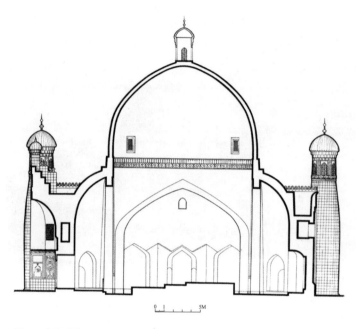

圖 68：新疆喀什阿巴伙加陵墓剖面圖

作"旅人橋"。以後隋代的安濟橋、仿它而建的永通橋，以及
江南水鄉城市中的橋樑都是單孔橋。架設在大江巨流之上的
石拱橋大部分是聯拱橋。如金明昌三年（1192 年）修建的北
京盧溝橋，即為長達 265 米的十一孔拱橋。蘇州市南郊的寶
帶橋更加修長，全長 316.08 米，共五十三孔，長虹臥波，聯
拱綿延，極富結構造型的韻律美（圖 69）。古典園林也常把這
種拱券橋攝入景觀之中，如北京頤和園中的玉帶橋及十七孔
橋都是單券與多券橋的傑作。

圖 69：江蘇蘇州寶帶橋

無樑殿

　　古代建築造型受木結構形式的影響至巨，甚至採用磚石
拱券結構時也要做成坡頂木架房屋的外觀形式，因其內部沒
有樑架，故這類建築俗稱 "無樑殿"。無樑殿的建造以明代
最為普遍，遺存至今的實例很多，如南京靈谷寺無樑殿（圖
70、圖 71）、蘇州開元寺無樑殿、太原永祚寺無樑殿、五台
山顯通寺無樑殿、北京天壇齋宮、北京皇史宬等皆是，同時
也大量應用於壇廟的大門建築上。

圖 70：江蘇南京靈谷寺無樑殿

圖 71：江蘇南京靈谷寺無樑殿內景

無樑殿結構之所以在明代得到發展，其內在原因為技術條件的成熟，這點表現在三個方面：第一，解決了大跨度支模技術，能建造跨距達 11 米的大券，完全可以滿足使用功能的要求，這與漢代墓葬中所用僅可容厝一棺的 3 米左右的券洞已不可同日而語；第二，石灰膠泥的應用普及以後，增強了筒券結構的強度；第三，製磚技術提高，可以提供大量較經濟的粘土磚。材料工業的發展帶動了建築結構的發展，明代城牆及民居開始大量用磚砌造即是明證。

　　中國無樑殿的設計雖然受傳統木構建築概念的形式制約，但也包含著不少匠心獨運之處。無樑殿的內部空間設計盡量與坡屋頂的外形相適應，減少不必要的結構或構造體量。例如南京靈谷寺無樑殿內部空間設計成三列筒券，中間筒券高，前後筒券低，與外簷的重簷形式相一致。五台山顯通寺無樑殿的二層也做成中間大券、四周圍以較低小券的形式，這樣的券洞組合與屋頂曲線也是一致的。一般城門洞和壇廟門洞的橫向筒券在中間一段加高，一則可以解決門扇開關問題；二則減少屋面墊層，節約工程量。在增強券體的穩定性方面，古代匠師有自己的處理方式。歐洲高聳挺拔的高直建築採用的是拱肋構造，券腳比較高，必須在拱券兩側加設扶壁或飛扶壁才能穩定；而中國券洞的高跨比較小，券腳低，往往通過主券付券間的排列組合來加強整體的穩定性。例如南京靈谷寺主券洞前後為平行的付券洞，兩端為厚牆以支持主券洞；太原永祚寺底層主券洞前後為厚牆，兩端為橫券洞以支持主券洞；五台山顯通寺無樑殿更有特色，因為主券洞高逾兩層，故底層周圍為一周厚牆，牆身開了一串橫向券洞作為門窗，二層圍繞主券設一周廊券洞作為通道。這樣做既滿足了使用要求，充分利用了建築空間，又可加強建築穩固性，是一項巧妙的設計。

　　拱券結構在傳統建築中雖未成為主流，但也不可忽視它在技術上、藝術上的重要影響，有時它會在某些建築中成為主角。假如沒有了這類半圓形的造型，那麼中國古建築將大為減色！

受儒家文化的影響，中國古代關於科學技術、建造技藝的著作極其罕見，其中的代表是宋代李誡編著的《營造法式》和清工部的《工程做法》。《營造法式》是宋代建築工程的總結性科學著作，亦反映出至 12 世紀時中國建築科學所取得的高度成就。《工程做法》主要內容則是建築過程中的監督控制，儘管技術層面上有所遜色，卻在裝飾工藝等方面有其所長。

10

《營造法式》及清工部《工程做法》

李誡與《營造法式》

衣、食、住、行是人類生活的四項重要活動，每人每時都在面對穿衣、吃飯、住房子等活動所引起的問題，並且逐步地改善它們，但在古代中國卻沒有把它們作為科學來對待。讀書人不去學習它，也不去研究它、論述它。建築學也是這樣，這門技藝靠師徒間口傳心授才得以流傳下來，古代人幾乎沒有給我們留下系統而科學的文字著作。但在僅存的幾本猶如鳳毛麟角的建築書籍中，卻有一部水平極高的建築技術書，這就是宋代李誡編著的《營造法式》。

李誡，字明仲，河南鄭州人，出身官宦家庭。自宋元祐七年（1092 年）入將作監擔任主簿，開始接觸建築營繕工作，以後逐步升遷為監丞、少監、大監，全面負責皇室的營繕事務。大觀四年（1110 年）死於虢州。前後十八年間他主持過不少工程的設計和施工，包括王邸、宮殿、辟雍、府廨、太廟等不同類型的建築，積累了豐富的建築技術知識和經驗。他所在的正是王安石勵行變法的時期，王安石在"整軍強兵""理財節用"的變法精神指導下，曾命令政府各部門制定一系列的"令式""法式"，以強化行政管理。宋代建築工程上存在嚴重的浪費貪冒現象，治理這些現象成為變法理財的重要內容，故而將作監亦曾著手編制有關工程的工料定額，定名為《營造法式》。但隨著變法失敗，這本書的內容並沒有得到落實，直到宋哲宗趙煦親政以後，起用新黨，再命李誡重編《營造法式》。李誠補充修訂了舊本《法式》的缺漏，經過三年努力，於 1100 年完成，1103 年鏤版印刷刊行，使得這部著作得以流傳至今。

《營造法式》（以下簡稱《法式》）全書三十六卷，分為五個部分，即釋名、各作制度、功限、料例和圖樣，另有看詳（即總的規定和數據）和目錄各一卷。各作制度各卷中，按工種劃分為壕寨、石作、大木作、小木作、雕作、旋作、鋸作、竹作、瓦作、泥作、彩畫作、磚作、窰作等十三作；並按建築物的等級和大小，規定出各作如何選用材料，確定構件比例和加工方法、安排構件間的相互關係等一系列制度，條理明晰，規定合理。功限和料例部分則是指各工種的勞動定額和用料定額，兼及估工算料的計算方法及材料質量標準等。正因如此，該書雖然是一本有關施工管理的技術書，但內容涉及到建築設計、結構、用料、製作和施工各方面，全面反映了宋代建築工程的技術和藝術的水平，我們可以把它視為宋代建築工程的總結性科學著作。

宋代建築科學的成就

《法式》所記錄的三千五百五十五條建築規定和制度，不但表現出勞動工匠的智慧，也反映了 12 世紀前後中國建築科學所取得的成就。例如在建築和結構設計中提出了"模數"概念，在宋代稱之為材分制。《法式》卷四"大木作制度"第一條就提出"凡構屋之制,皆以材為祖,材有八等,度屋之大小因而用之","各以其材之廣分為十五分,以十分為其厚。凡屋宇之高深、名物之短長、曲直舉折之勢、規矩繩墨之宜,皆以所用材之分以為制度焉"。意思就是在設計工作之先,選定一種截面為3:2的方料作為標準用材,把材高分為十五份,厚度分為十份。房屋的規模、各部分的比例、各個構件的長短、截面大小、外觀形象等各類尺寸都是以"份"的倍數表示的,所謂"份"就是基本模數。然後"材"又分為八等具體截面尺寸,根據建築的等第分別選用相宜的材等。當建造房屋時,只需要提出所需規模的大小,就能夠確定應該用幾等材,然後按照建築平面、立面形式和各類結構構件所規定的"份"數,推導出其詳細具體尺寸,進行設計,安排工料等。一項複雜的建築工程可以在短時間內完成。在沒有大量專業設計人員的古代中國,這無疑是一種提高工效的好方法,在今天,推廣模數制和標準化仍是加快設計和施工進度的有效方法。

此外,在施工生產上已經形成嚴密的管理方法,其勞動定額都是根據客觀不同情況相應制定的。一年之中以春秋兩季所定工值為準,夏季晝長,冬季晝短,因此工值各增減10%。此外考慮到運距的長短、水流的順逆、木材的軟硬等因素,也會對工值進行調整。

這一時期,在結構設計的科學性上亦達到一定高度。根據歷史經驗的總結,在宋代已經將木結構構架形式歸納為殿

堂型和廳堂型兩大類，以及其他派生的形制，建築工匠可以
配合平面使用要求直接採用相應的規範（圖72）。在結構構
造上，規定凡簷柱皆向內傾側少許，稱為"側腳"，同時簷柱
的高度由中間柱向兩端柱逐漸加高，稱為"升起"，由於"側
腳"和"升起"使構架產生向內傾聚的趨勢，增加了構架的穩
定性。《法式》中規定樑栿的截面尺寸的高寬比為3：2，這個
比例正是從圓形木材中截鋸出抗彎強度最大的矩形用材的最

廳堂八架椽屋前後乳栿用四柱

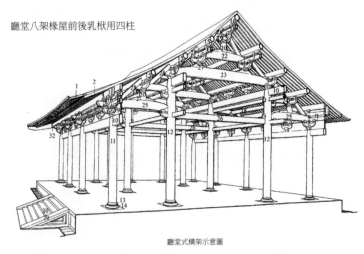

廳堂式構架示意圖

1. 飛子；	2. 簷椽；	3. 橑簷方；	4. 斗；
5. 栱；	6. 華栱；	7. 櫨斗；	8. 柱頭方；
9. 栱眼壁板；	10. 闌額；	11. 簷柱；	12. 內柱；
13. 柱櫍；	14. 柱礎；	15. 平槫；	16. 脊槫；
17. 替木；	18. 襻間；	19. 丁華抹頦栱；	20. 蜀柱；
21. 合楷；	22. 平樑；	23. 四椽栿；	24. 劄牽；
25. 乳栿；	26. 順栿串；	27. 駝峰；	28. 叉手·托腳；
29. 副子；	30. 踏；	31. 象眼；	32. 生頭木

圖72：宋《營造法式》大木作制度示意圖

佳比例。現在雖然不能斷定在九百年前的宋代是否掌握了材料力學的計算方法，但起碼可以證明勞動工匠對木材受力的性能有了充分的認識。

《法式》條文中也顯現出古代建築美學的特徵，即建築的藝術加工與使用功能、結構處理有機地統一在一起。例如在礎石、欄板上所作的石刻圖案是根據其形體特點設計的；在防止木材表面腐壞的油飾工程的基礎上，進一步發展成為藝術性的彩畫作；在不妨礙結構構件力學性能基礎上所做的"卷殺""月樑""線腳"等藝術加工；為改善屋面防水性能而採用琉璃瓦，推演出各種絢麗的色彩琉璃，美化建築外觀；屋面上的走獸、脊吻、門窗花格圖案等都有其實用功能。總之，從《法式》中可以看出建築藝術和技術之間密切配合、相輔相成的關係。在宋代建築遺物數量不多的情況下，《法式》一書記載的相當多的技術數據為科學研究工作提供了有價值的素材。

承前啟後，繼往開來

宋代建築成就不是孤立存在的，它是建築發展史的一個階段，必然與前代有著繼承關係，並影響著以後建築的進程。從已知的唐代建築可以看出，許多技術特點在宋代之前就已經形成或正在形成了。例如唐代著名建築五台山佛光寺東大殿的構架，即《法式》中所記載的"金箱斗底槽"殿堂構架形式。又如建築的側腳與升起，在佛光寺中已經採用了。

唐代建築遺址中已經發現綠色琉璃瓦被應用在重要殿堂上。蓮花形柱礎、勾片欄杆、直欞格子門窗等一直沿用到宋代。但一些技術與構造形式在宋代有了新的發展。如唐代屋脊上的鴟尾變成吻獸、柱枋上的補間人字栱已經被淘汰，改為斗栱補間鋪作形式；宋代門窗欞格、藻井等更加豐富多變。

宋代以後的建築又有了長足的進步，但某些手法仍有宋代原意。如側腳法一直保持到清代；現今琉璃瓦製作技術仍與宋代相差不多，只是增加了更多的彩色配方；須彌座的形式、格子門的形式、烏頭門（欞星門）的形式都因襲了宋代的造型。特別值得注意的是，清代時也曾編纂過一部技術書籍，作為控制建築營造質量與工料的依據，這就是清工部《工程做法》。

《工程做法》

《工程做法》編輯於清雍正十二年（1734 年），正是清代初期建築工程量逐漸增多，有必要進行統一整頓之時。全書共七十四卷，前二十七卷介紹了二十七種典型工程實例的大木設計及各部分的詳細尺寸，後四十七卷介紹了大木作、裝修作、石作、瓦作、土作、銅作、鐵作、搭材作、油作、畫作、裱作等十一個工種的用工用料定額規定。與《營造法式》相比較可以看出，宋代著重設計法式的原則規定，清代著重設計尺度的具體做法，以古代術語稱之，一為"程式"，一為

"事例"。從技術水平上看，清代《工程做法》要遜於宋代，但在建築管理混亂，沒有成文的規範、規定的情況下，這種事例規定仍具有很重要的監督控制作用。

《工程做法》一書的應用範圍主要是針對宮廷營建的"壇廟、宮殿、陵寢、倉庫、城垣、寺廟、王府"等官工範圍，雖然不包括民間房舍，但從這部書中也可以窺見清代建築技術發展的水平。例如在建築裝飾、裝修方面，清代比宋代的規定明顯增多並加細。宋代油、畫不分，清代明確劃分為油作與彩畫作。在其他各作中又詳細地劃分出雕鑾匠、菱花匠、錠鉸匠、砍鑿匠、鏃花匠等專門工藝匠作，可見清代建築裝飾工藝的發達與詳細程度。又如大木製作方面較宋代有所發展，斗栱的結構作用降低，僅限在外簷使用，內簷各構件多為搭交或榫接，直接傳遞荷載。構件製作應用放攢、幫拼，可用小材組成大材。構件交接點多用拉扯等鐵活，加強了牢固性。同時，唐宋以來盛行的側腳、升起之法進一步減少了。清代屋頂坡度曲線採用舉架法，較宋代的舉折法在應用上更為簡便，但在整體比例上不易控制得當。關於建築設計尺度標準，宋代是以"材"（即栱身的寬厚）為根本依據，而降至清代，斗栱作用日漸衰退，雖然仍以斗口為計量標準，但在中小型房屋以及樓房、轉角房等建築類型中則直接開列房屋間架及構件尺寸，不以斗口為依據，說明設計方法也發生了改變。此外在工料定額制定、材料供應方式、彩畫題材

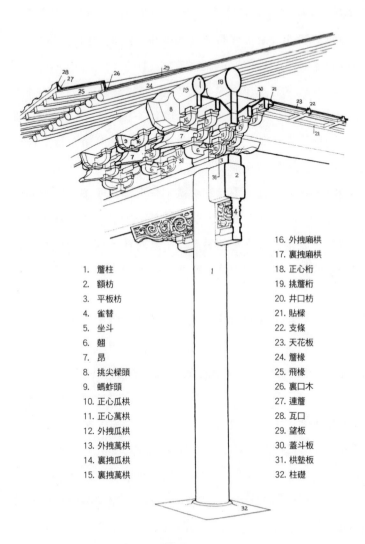

1. 簷柱
2. 額枋
3. 平板枋
4. 雀替
5. 坐斗
6. 翹
7. 昂
8. 挑尖樑頭
9. 螞蚱頭
10. 正心瓜栱
11. 正心萬栱
12. 外拽瓜栱
13. 外拽萬栱
14. 裏拽瓜栱
15. 裏拽萬栱

16. 外拽廂栱
17. 裏拽廂栱
18. 正心桁
19. 挑簷桁
20. 井口枋
21. 貼樑
22. 支條
23. 天花板
24. 簷椽
25. 飛椽
26. 裏口木
27. 連簷
28. 瓦口
29. 望板
30. 蓋斗板
31. 栱墊板
32. 柱礎

圖 73：清代大木構件圖

圖案方面，與宋代比較亦有所不同（圖 73）。

　　在有文字可考的三千餘年間，在歷史遺留下浩如煙海的文獻典籍中，有關建築技術方面的記載屈指可數。就所知者，上起《考工記》，經宋代《營造法式》《木經》，元代的《大元倉庫記》，明代《園冶》《長物志》《魯班經》《梓人遺制》《工部廠庫須知》，以迄清代的《工程做法》《內庭做法則例》《圓明園工程做法則例》等書，雖然有些典籍過於疏漏，有些僅餘殘段，有些僅為建築某一方面的記載，但串聯起來仍能為我們提供一幅發展的圖像。其中《營造法式》一書以其內容精確、記敘全面，為中國古代建築技術發展史的研究起了溝通、傳遞的作用，是一份難得的資料。

中國古建築工藝之精湛、構造之巧妙，在世
界建築史上亦享有盛名，取得了極其輝煌
的成就，而這些成就卻是一些默默無聞、連姓名
都沒有留下來的民間匠師們創造的。與此同時，
這些成就也從一個獨特的角度反映出中國古代科
學技術的發展水平。

能工巧匠出自民間

匠心巧運

以土木結構為主體的中國古建築與歐洲磚石建築相比較，形象上似不如後者高峻雄偉、氣勢軒昂，卻另具獨特的東方氣勢，工藝巧妙，構造合理，表現出一種技藝之美。這些技藝的某些方面在當時世界範圍內可能居於領先地位，而這些輝煌成就卻是一些默默無聞、連姓名都沒有留下來的民間匠師們創造的。

從結構上考查，中國工匠早在六千年前社會尚處於使用石器建造房屋的時代，就已發明了榫卯構造搭接構架。戰國時代（前 5 世紀～前 3 世紀）的細木工藝更具有非凡的水平，大量出土物品證明當時木工應用扣榫、透榫、割肩透榫、燕尾榫、企口板、壓口縫以及燕尾銷等一系列木構結合形式去製造木器及建築裝修（圖 74）。正因細木工藝的悠久傳統，發展到明代才會產生出那種輕巧纖細、曲線柔和、精緻光潔、具有塑性美的硬木家具。中國木構架體系很早就形成了抬樑式與穿斗式兩種基本的構架形式，並演化出多種變體。同時在橋樑木構架上創制了懸臂橋（圖 75）以及木拱架式橋的形式，用較短的木材解決大跨度結構問題。這種木拱架式橋在宋人張擇端所繪的《清明上河圖》中可以看到其形象。

在地基基礎方面，一些大建築物及佛像地基中已使用了樁基。宋《營造法式》中也曾有在基礎工程中打樁的規定。特別值得重視的就是宋代泉州洛陽橋的基礎工程，它表現出工

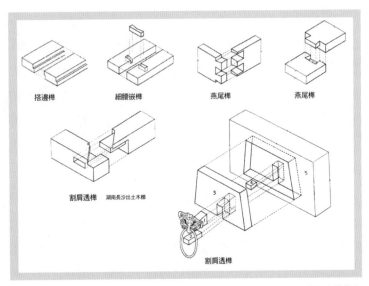

搭邊榫　　　　細腰嵌榫　　　　燕尾榫　　　　燕尾榫

割肩透榫　湖南長沙出土木榫

3　　5

割肩透榫

圖 74：戰國木構榫卯

圖 75：甘肅文縣
陰平橋

匠的極大智慧：工匠們先在水底沿橋基鋪滿石塊，然後養殖
牡蠣，三年以後牡蠣的蠣房硬殼將石塊彼此膠結在一起，形
成一條橫跨河床的整體的筏形基礎，再在其上建造橋墩、橋
面，形成大橋。這種構思已經超過一般工程學的概念，而將
生物學引入工程界，若冠以現代的名字，應該叫作"工程生物
學"吧！

給排水的設計也有著久遠的歷史，在殷墟遺址中曾發掘
出不少下水管道，可以證明公元前 11 世紀的居住區內即有排
水設施。到戰國時期，當時盛行的台榭建築中也都具備良好
的排水設施。秦代咸陽宮遺址內還發現了一間當作浴室使用
的房間，有漏斗形的集水器，以及曲折的排水管道。

公元前三千年已經開始在建築上使用石灰。公元前 9 世
紀出現了陶瓦。至少在周代，已經將青銅、玉石、彩繪、絹
帛等材料用於建築裝飾與裝修。琉璃技術應用在建築上的時
間雖然不能算早，但從北魏（6 世紀）時代開始應用琉璃瓦以
來，持續不斷，一脈相承地沿用到清代，形成色彩絢麗的東
方格調的琉璃藝術（圖 76）。隋代（7 世紀初）已經在重要的
皇家建築工程上預先繪製設計圖紙和製作模型，以作審查確
定方案之用。此外，在建築測量方面和土方工程計算上有不
少有價值的事例。尤其在建築施工方面更有引人思考、發人
深省的眾多事例，至今仍有啟發借鑒價值。

圖 76：北京頤和園智慧海琉璃面磚

起重之法

中國很早即發明了用桔槔製作的簡單起重工具，直至明清時期，大木施工上起吊重物時仍在應用，稱為"打秤桿"，即利用槓桿兩端力臂不同的原理，以小力產生大力，吊起重物。中國古代也發明了以滑輪與絞盤為主的起吊工具。但是遇到巨型構件或特殊的施工情況，則需要臨場依靠工匠們的巧思，尋找合宜的處理方法。例如福建漳州江東橋，又稱虎渡橋，是建於宋代（1237 — 1240 年）的一座多跨樑式石橋，在橋墩之間架設三根石樑作為橋面，最大一根石樑長 23.7 米、高 1.35 米、寬 1.32 米，自重達 120 噸（圖 77）。這種巨型構件是如何架設在橋墩上的，一直是個不解之謎。據當地古老傳說，認為該橋石樑架設是用水浮之法，即將石樑架於木船上，運至橋墩之間，利用水面漲潮之際船體上浮，將石樑架於橋墩之上，但是施工細節如何，至今尚不可知。《宋史·方技傳》中有一段與此類似的記載，是宋代僧人懷丙以船起重的事例：記載稱河中府有一座浮橋，兩端用八個鐵牛維繫纜繩，每

圖 77：福建漳州江東橋

一隻鐵牛重達數萬斤。有一年河水暴漲，浮橋中斷，將鐵牛牽入河中無法起運出來。懷丙命人以兩隻大船裝滿土，駛到鐵牛陷落處，船間架以木樑，樑上繫以繩索將鐵牛縛住，然後逐漸除去船內之土，船體上浮便將鐵牛托運出來。

上述是利用水力的例子，當然也有利用其他力學的例子。據唐代《國史補》的記載，蘇州重元寺有一座樓閣，它的一部分忽然歪閃而傾斜，若要將它扶正，需要組織複雜的起重措施，花費錢財甚多。有一遊方僧人說，不用如此費事，他一人就可扶正。每天他帶著許多木楔登上樓，在不同部位的樑柱間敲入木楔，逐漸糾正傾斜之處，不出一個月，整座樓閣復挺立如初。他的辦法實際上是利用擠壓的原理，積小成大來扶正房屋。時至今日，假如一般木製門窗框扇下垂走閃，亦只需在榫卯處敲進木楔就可調整方正，其原理是一致的。

以小力換取大力的例子尚有利用土功之法。例如北京大鐘寺的大鐘是如何掛在鐘架上的，有一種說法就是先在基址上堆土成丘，上立銅鐘，圍繞銅鐘搭設鐘架，將鐘紐掛在鐘架上，然後去土，銅鐘自然懸於鐘架上了。以上數例說明古代工匠熟知功的原則，以時間、距離的加長加多，換取短時、短距條件下的大起重力。

運輸之法

古代土建工程運輸工作使用人力較多，手提肩扛，勞動異常艱辛，但在水網地區、河湖沿岸之處卻可得水運之利。明清時期修建北京使用的城磚、金磚多由江蘇蘇州或山東臨清採運，借助大運河的便利，長途船運至京城。明初定都南京城，修築南京城牆的城磚是由各府州縣徵調而來，從現存城磚上的模印可知這些州縣多是江蘇、安徽、江西、湖北等沿長江或其支流沿岸的府、州、縣，可見城磚的運輸也是依靠水運而來的（圖 78）。有時官工也大量使用車輛運輸。

圖 78：南京明代城磚印文

漢昭帝營造陵寢，一次便徵發民間牛車三萬輛。以上是一般性運輸，一些重型構件或材料則需另想辦法起運。例如明代嘉靖年間修建宮城三大殿所用的台基的陛石，長三丈，闊一丈，厚五尺，約重 110 噸，是用旱船由人力自產地拖運至京城的。這裏所謂的“旱船”估計為一船架，上置巨石，下為滾槓，以滾動法減少地面摩擦力。至萬曆建造三大殿時，運送巨石改用車輛，建造了一種特製的十六輪大車，以驟馬拖運，進一步減輕了人力負擔。金代張中彥拖運新造大船下水的事例也是運輸工程的一樁巧思：因船體巨大，拖曳不易，張中彥命工匠先將船體至河流間的一段地勢修理平整，並有一定坡度，然後用新割的秫秸稈密鋪於地上，兩旁又用巨大木材作為限制，以免船體滑行改變方向。次日清晨，秫秸稈上已經結了一層薄霜，此時命眾人拉拽船體，很容易就將船隻拉入河中了。說到這裏還可聯想到，清代川陝一帶木商從崇山峻嶺之中採伐和啟運木材亦是應用這個原理。首先在山裏建造“溜子”至河岸邊，長者達數十里，這是一種類似木製長橋的構架，冬天在溜子上澆水，凍成堅冰，重達千斤以上的木材放在溜子上，一個人就可拖出山區。

統籌之法

據《左傳》記載，春秋時楚國令尹蔿艾獵要建造一座新城，命令主管建城的“封人”來籌措這件事。封人為築城事先後籌備了資金，整理好夯土用的器具 —— 板幹，準備了挖土方的工具，計算了土方量以及土方運距的遠近，平整了基址，準備了口糧，並請主管部門作了各種計算，然後開工，僅用三十天就完成了工程任務。這段記載說明早在公元前 5 世紀，建築施工工作已經具備一整套的管理方法，統籌兼顧各個施工環節，力求快速、低價地完成施工任務。

古代施工管理工作的範例歷代皆有，《夢溪筆談》中所介紹的 "一舉而三役濟" 的做法可算是運籌學用於工程的優秀實例 —— 宋朝大中祥符年間，汴梁城宮殿失火，由丁謂主持修復工程，但苦於取土困難，需要在很遠處才能取到土，於是丁謂決定將城內大街挖開，就近取土用於土建工程。大街被挖成壕塹以後，直通汴河，放河水入塹形成河道，引各處來的竹木排筏及運輸雜用建築材料的船隻沿壕塹一直運抵宮門，節省了搬運費用。新宮殿完成後剩餘大量瓦礫渣土，將這些雜物填充在壕塹之中，又恢復了大街平整的路面。丁謂用這個方法同時解決了取土、運輸、處理廢渣三項工作，取得非常好的經濟效果。

明代嘉靖三十六年（1557 年）北京宮殿失火，鄭曉時協助修復宮殿工程時亦採用了這種構思。他將劫後殘餘材料按磚、瓦、木、石的類別及完好、半殘、缺損等不同狀況分別堆放，新建六科廊、東西朝房，以及修補午門以內殘牆、新建乾清宮前牆等項全部用舊料，節約甚多。同時宮殿修築尚需大量黃土，若自城外起運需要車輛五千輛。鄭曉時建議在午門東西闕門外的空地取土，工程完畢以焦土、渣土回填，上覆黃土三尺，依然恢復舊觀。南宋紹興年間王晚任平江府（今江蘇蘇州）知府，當時城市遭到金兵洗劫，瓦礫遍地，殘破不堪，學校、公署等設施都有待興建。王晚決定凡入城賣貨的小船，出城時必須裝載一船瓦礫，運至城郊培厚塘岸田埂，城區郊區人民都很滿意。同時他決定將城內碎石堆積起來焚燒成石灰，作公署、官舍泥牆之用。這些都是統籌思想的體現。

明朝末年曾經出現一位傑出的建築經濟家，他就是萬曆年間的工部郎中賀盛瑞。在統籌解決施工問題、防止弊端方面，他做過不少的改革。他主管皇家工程前後計六年，修過泰陵、獻陵、公主府第、城牆、西華門等。他的經濟管理才能集中地反映在修復乾清、坤寧兩宮工程上，他除了反對請託、杜絕鑽營肥缺、嚴格控制辦事機構外，更主要的是完善了各項施工管理制度，重視經濟核算。例如工程用車由官府承造，交民戶使用，分五年從運費中扣回車價，這項車價僅佔民戶每年運費的 5%，完全可以負擔，官私兩利；又如兩宮工程量甚大，他將整個工程劃分為若干工區，各設司官及內官二人負責，規定了明確的賞罰制度，因此各工區官吏之間彼此競賽，人人進取，避免了推諉、觀望、互相掣肘的弊病。他還制定了工程預算的會估制度，即在工程開始之前，由工部堂上官員（代表施工一方）、科道官（代表財務監督一方）及內監官（代表宮廷，即業主一方）三方參照近例共同議定該項工程所用物料、錢糧，一經題定，日後不得隨意加添，以此堵塞隨意要價、中飽私囊的漏洞。在工程付酬辦法中，他提出了"論功不論匠"的原則，改變了按人頭發放工錢的慣例，不按工匠多少人，而按其完成工程量的實際成效發放工錢，這個辦法不但提高了工效，而且杜絕了有名無人、有人無功，由工頭冒吃空額的弊端。因此在主管乾清、坤寧兩宮工程中，他總計節約了白銀九十二萬兩，佔全部造價的57.5%，這項成績在古代是極為罕見的。

綜觀歷代能工巧匠及有識之士，他們之所以在建築工程上做出突出貢獻，其主要特點一方面是深入實際，面向社會，不尚空談，不迴避矛盾，解決實際問題；另一方面則是他們有多方面的科學知識及社會經驗，能夠在困難條件下尋找到合理的方案與措施。

中國的園林藝術將自然山水之美融匯於一方天地之間，風格獨樹一幟，典雅優美。從奴隸社會開始，就已經有了苑囿式的園林。隨著政治經濟的發展，苑囿逐漸被人工建造的山水園、因地制宜的宅園所代替。明朝末年計成所著《園冶》即為總結宅園建造經驗的專著。

12

上林苑、花石綱、《園冶》

園林是城市生活的一部分，是藝術與工程相結合的產物。造園活動是建築師們最感興趣，但也最難取得成就的一項專業內容。世界各國人民創造了各種類型、各種風格的園林，而中國獨樹一幟，將自然山水之美融匯在園林之中，形成東方式的園林藝術。數千年來紛繁的造園活動很難以少許篇幅概括，故僅列舉出一園、一事、一書來描述其發展脈絡。

上林苑

原始社會的生產力水平很低，以狩獵和採集來維持生活，人們的生產和生活直接與大自然相聯繫、相接觸，在藝術創造上創立了原始繪畫、原始音樂等藝術門類來表現勞動的歡快，但因為人們基本上生活在大自然中，所以沒有產生造園的要求。奴隸社會裏，隨著生產工具和生產技術的進步，奴隸主階級能夠脫離直接的生產勞動，完全依靠剝削奴隸來過活，他們往日的狩獵活動及種植活動已成為過去，為了回味這些過去的歷史，便出現了初級的園林形式 —— 苑囿，在這裏所進行的狩獵和種植活動都是以遊樂為目的。殷墟甲骨文中即已有 "園" "囿" "圃" 等象形字出現，由周代關於 "靈囿" 的描寫可知，這種 "囿" 是圈定一定地界的，甚或築有牆籬，其中有豐富的天然植被，並養育眾多禽獸，包括熊、虎、孔雀、麋鹿、雉兔、禽鳥等。其中還可能建有台榭、池沼，以點綴風景。

秦始皇吞併六國以後，曾在渭水之南建造了著名的上林苑。這正是一座苑囿式的園林。西漢時武帝根據秦時舊苑加以擴建，佔地範圍“南至宜春、鼎湖、御宿、昆吾，旁南山而至長楊、五柞，北繞黃山，瀕渭而東”。即在今天西安市的西南，地跨蘭田、長安、戶縣、周至等數縣，史稱“周袤三百里，內有離宮七十所，皆容千乘萬騎”，“苑中養百獸，天子秋、冬射獵苑中”，規模之大，世間難有其匹。

　　漢代初年的上林苑，基本上以自然風貌為基調，每年有不少山林收穫物。經武帝擴建後，增加了不少宮、苑、觀、館等建築物，著名的建章宮即在其中。雖然由於建築內容增多，加深了離宮的氣氛，但從建築內容上看，它仍然是一處以遊獵山林與欣賞植物為目的的苑囿式園林。其中以動物命名的宮觀甚多。如射熊館、犬台館、眾鹿館、虎圈、走馬館、觀象觀、魚鳴觀、白鹿觀等，反映出上林苑內飼養的禽獸品種非常多。漢武帝時，掌管上林苑的官員稱“水衡都尉”—— 在古代，掌山林之官叫“衡”，掌水利之官叫“都水”，“水衡都尉”一詞也說明了上林苑的經營性質。上林苑中還有許多奇花異樹及經濟價值較高的植物，有些宮觀就是為培植這些植物而建造的。如柘觀、樛木觀、葡萄宮、青梧觀、細柳觀、白楊觀等。其中以扶荔宮最為有名：漢武帝元鼎六年（前 111 年）攻破南越，建造了這座宮殿，用以種植南方的奇草異木，有菖蒲、山薑、香蕉、留求子、桂花、龍眼、荔枝、檳榔、橄欖、柑橘等。雖然因氣候差異，大部分植物未能成活，但每年仍大量移植，以供欣賞。

此外，上林苑中尚有許多品種優良的植物，包括梨、棗、栗、桃、李、奈、梅、杏、桐、林檎、枇杷、橙、石榴等果樹；以及榆、槐、桂、漆、楠、樅等經濟林木。從上林苑的設置可知，園林內可進行多方面的活動，如宴樂（建章宮）、住宿（御宿苑）、招待賓客（思賢苑）、祭祀、狩獵、遊賞、收摘等，但其中心主題是囿與圃，因此上林苑同時可稱為一座古代的巨型動植物園。這個時期園林構思受經濟生活特徵的影響至為明顯。

花石綱

三國、兩晉時代戰爭頻繁，人民生活不得安定，普遍產生遁世思想，希望超脫塵世，遁跡在大自然中，以求精神上的解脫。藝術創作中的田園詩、山水畫等類別突出地發展起來。同時地主階級進一步脫離生產，不再醉心於動態的田獵生活，而是對靜觀的自然山水風景發生興趣，因此在造園史上產生了以山林野趣為主題的山水園。這類園林是以真山真水為藍本，經過提煉、概括，在人工建造的園林中將自然景觀再現出來。

以山水為主題的園林在兩漢時期即有萌發，如梁孝王劉武的兔園、茂陵富人袁廣漢的花園，以及東漢大將軍梁冀在洛陽的花園，都是在園中人工穿池堆山，模擬高山峻嶺、深林絕澗之風貌，廣置珍禽馴獸、奇花異草，在數里範圍內囊括自然山水之妙境。西晉時代石崇的金穀園也是一座山水園，但其主題是以池沼花木為重點，風格更趨向靜雅。這種風格的園林在南朝得到了進一步的發展，例如劉宋的玄武湖、華林園等皆是。由於水景在園林中具有突出地位，因此自秦、漢以來，方士所倡導的“東海有蓬萊、方丈、瀛洲三座神山”這一命題，更廣泛地應用在園林之中，往往在池沼中點綴三座島嶼以象徵這一構思。隋煬帝在洛陽所營造的西苑是發揮水景園林特長的又一巨作，內湖周達十餘里，中間建造了三神山，湖北岸有龍鱗渠縈繞，緣渠還建造了十六院，都是一座座獨立的園林，這類以水體為骨幹的園林在北方是少見的。

唐、宋時代文人寫意畫的發展為山水園設計增添了營養，一些畫意構思以園林空間形式表現出來。這時的園林建造活動規模日趨擴大，造園技藝愈益精進，北宋末期著稱於史籍的“花石綱”事件就是一次宏大的造園活動。北宋徽宗趙佶是一位風流皇帝，能書善畫，愛色貪杯，晚年受朱勔等人蠱惑，迷戀奇花異石，除建造了玉清和陽宮、上清寶籙宮等幾座大型宮觀園林之外，又建造了一座壽山艮嶽。從公元1117 年起造，至1123 年建成，歷時達六年，周圍十餘里，搜集四方奇花異石充實其間，樓台殿閣不可勝數，堆土壘石築成千岩萬壑，其結構之精妙，一時傳為絕勝。

朱勔本是蘇州人，投靠蔡京、童貫門下得以補官，這期間他經常以工巧之物貢奉內廷，故得命在蘇州組織應奉局，專門製造各種金銀珠寶器物。艮嶽開始建造時，特命他在蘇杭一帶搜尋奇花異石運至汴京（今河南開封）供營建之用。他的搜尋活動"搜岩剔藪，無所不到"，"凡士庶之家有一花一木之妙者，悉以黃帕遮覆，指為御前之物"，名為搜尋，實為搶劫。遇有高大巨石，則以巨艦裝載，用千夫牽挽，鑿河斷橋，毀堰折閘，輦至京師。這種長年不斷的花石運輸工程，當時稱之為"花石綱"。可惜這樣一座規模巨大的皇帝苑囿，只存在了四年時間，在 1127 年金兵攻佔汴京時被徹底平毀了。

艮嶽的造園思想是以山水為骨幹，以疊山為構圖中心，圍繞艮嶽山佈置景區。在山東有梅林，山西有藥寮及種植農田作物的西莊，山上山下點綴亭閣、瀑布、水池、棧道、樹木、岩洞、沙洲等，構成變化眾多的山水景色，如白龍溝、濯龍峽、跨雲亭、羅漢岩、萬松嶺、倚翠樓、蘆渚、雁池等。

宋代的人工疊山活動增多，技法更形熟練。《畫論》中講求"先立賓主之位，決定遠近之形"，"取巒向，分石脈"，把山形、山勢、走向、脈絡等山巒特徵都概括地表現在人工堆疊的山石中。宋代人疊山的獨到之處，不僅是堆疊高聳，而且其中必裝點石洞。據云在艮嶽山中有大洞數十個，這樣做可以使山岩空間更具變幻之感，且工程更為經濟合理，當然這就需要有更高超的疊山技巧。此外，宋代人還喜歡欣賞獨石、孤峰，把它看作園林中的抽象雕刻作品，雖為自然之物，卻可寄託各種遐想。艮嶽中就有名為"排衙巧怪嶄岩"的巨石，高達三丈。艮嶽西面入口的華陽門之內立著一塊"神運昭功石"，旁有兩棵檜樹，一名"朝日升龍之檜"，一名"臥雲伏龍之檜"，形成進入園林入口的序幕。從艮嶽的園林構圖來看，自然山水的苑囿式的園林，至此已經完全人工化；這樣就有條件更精練、更概括地表現所要求的構思，也就是說，

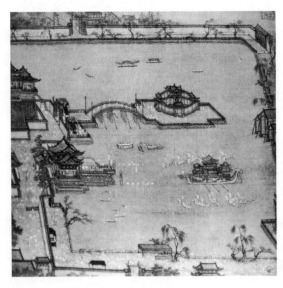

圖 79：宋畫《金明池爭標圖》中的園林

園林藝術的創作性更為突出了（圖 79）。

《園冶》

明清時代，園林藝術中的“宅園”類型得到了巨大的發展，其數量與質量都達到了空前的地步，分佈遍及大江南北。如蘇州的拙政園、留園（圖 80），揚州的寄嘯山莊、小

圖 80：江蘇蘇州留園冠雲峰

盤谷，北京的恭王府花園，嘉定秋霞圃，南京瞻園，常熟燕園，杭州水竹居，番禺餘蔭山房，廣州九曜園等。至於各地已經殘毀的歷史名園更是不計其數了。

明清宅園的興盛，一方面固然是封建社會經濟文化發展的結果，一般富商大戶、退隱官宦也有財力擁有私人園林，以豐富他們的宅居生活，但同時也反映了封建末期統治階層追求享樂、寄情山水、主張怡情養性的消極遁世思想（圖81、圖82）。其間文人雅士不僅通過詩詞繪畫去影響園林建築藝術，有些人還直接參與造園活動。

圖 81：江蘇蘇州拙政園梧竹幽居亭

圖 82：北京常園水閣

　　宅園受城市用地的局限，必須在狹小的空間內營造山水意境，這就使園林構圖不得不更趨向寫意化、抽象化、微型化，宅園也可以說是可遊的大盆景。受這個特定條件影響，造園藝術技巧有了新的發展，除了相地、立基要因地制宜，構思立意要有山林之趣外，特別需要出一套造景、攝景、借景的手法，延攬內外景色，擴大與豐富觀賞景物，以適應宅園的建造。明朝末年計成所著的《園冶》一書正是一本總結宅園建造經驗的園林藝術專著。

計成，字無否，松陵（今蘇州市吳江縣同里鎮）人，生於明萬曆七年（1579 年），能文善畫，能以畫意指導園林修造，並親自動手建造過一些宅園。他根據自己的體會與研討，於 1631 年寫成《園冶》一書。全書三卷，共十篇，分別為相地、立基、屋宇、裝折、門窗、牆垣、鋪地、掇山、選石、借景，卷首另加"興造論"與"園說"兩篇文字作為概論。書中對園林創作提出基本原則：要"巧於因借，精在體宜"，即要因應環境條件的不同而追求最合宜的構思方案，要善於因勢利導，借用周圍景色。這樣做不僅可以節約時間與造價，而且可以創造出最富於地方特點的景色。至於何謂"得宜"，全在作者精心體察。園地的基址高下、環境端屈、樹木植被、水泉流向等條件，皆可借助人工整理而成為景致，並且彼此可以相互資借。借景方法不拘內外，遠借、近借、仰借、俯借、因四時而借，"俗則屏之，嘉則收之"，一切景致為我所用。

《園冶》一書中還提出"雖由人作，宛似天開"的藝術構思，即模擬自然，再現自然，以追求自然為造園的根本目標。山不在高，而要仿效其峰巒走向、山石紋理之法；水不在廣，而要模擬其磯石分佈、勁湍緩流之態。假如神形俱在，則一勺水可視為汪洋巨浸，一撮石可當作千岩萬壑。在宅園建造中，其寫意成分較皇家苑囿更為突出、概括，因此必須用抽象的概念、文學的意境去欣賞，方能領略其佳處。這些造園藝術特點正是基於明清宅園用地狹小、注重靜觀的觀賞要求而產生的。《園冶》一書中有大量篇幅論述園林建築物的建造藝術，如立基、屋宇、裝折、門窗、牆垣、鋪地等篇，不僅論述了技術做法，而且繪製了大量圖樣，這也是因為園林規模變小以後，建築在園林中的相對比重加大，要求建築藝術的表現力更為豐富多彩所致（圖83～圖85）。

圖83：江蘇蘇州拙政園三十六鴛鴦館

圖 84：江蘇蘇
州拙政園海棠春
塢漏窗

圖 85：江蘇無錫
寄暢園鋪地

《園冶》一書的問世，在傳統造園事業中起了繼往開來的作用。清代私家園林的建造受其影響頗深。至於疊山技藝更有新的發展，接連湧現了如張璉、張然、石濤、李漁、戈裕良等既通曉造園藝術又精於疊山技藝的名家。《園冶》一書的出版，可以讓我們從側面窺知明清園林事業，特別是私家宅園的繁盛局面。

中國古典園林的發展

從縱向來看，中國園林在主題意匠上可以概括為苑囿式、人工山水式及微型寫意式這三種，這樣的時代發展特徵也符合人類審美觀念發展的過程。人類美感之源來自生產勞動和生活需要，原始社會的狩獵、採集活動是初期生產的主要形式，生產和生活中，如緊張的搜捕、豐富的收穫、享受的滿足等，都是原始人類產生美感的根源。雖然奴隸主階級逐漸脫離勞動，但他們的生活卻離不開這些活動，因此建立苑囿就成為初期園林的主題意匠。封建農業經濟的發展，使人們對狩獵或採集活動的印象日漸淡漠，而封建城市的擴展使地主官僚階級不但脫離了生產，也脫離了自然。返回自然、接近自然的需要催生了山水式園林，各種以自然山水為標題的園林是中世紀園林的特點，即 "城市山林"。封建社會末期，統治階級積累了高度文化素養，但進一步脫離生產勞動，他們對自然山水的玩賞只能從抒發情感的詩情畫意中去尋求，加之財力、物力的限制，大量的地主官僚私家園林趨向於微型化、寫意化，欣賞活動逐漸從動觀（走入園林山水之中）轉向靜觀（在山水之外觀賞）。

上述主題僅是歷史上影響造園構思的主要方向，實際尚有更多方面的因素影響園林的發展，可以說各種社會意識都在園林中有所反映。例如宗教思想的影響，來源於周代方士之說的"東海三仙山"長期成為園林的重要題材，北京頤和園中的南湖島、冶鏡閣、藻鑒堂等三島，故宮西苑的瓊島、水雲榭、瀛台等三島，皆為"三仙山"構思；漢武帝在建章宮內造神明台承露盤以承接雲表仙露，欲求得長生不老，故後期園林中建造"承露盤"也成為重要題材內容之一（圖86）。到了封建社會後期，大量佛寺道觀充滿園林之內，宗教活動也成為園林題材。其他如經濟思想在園林中也有反映，《紅樓夢》中關於大觀園中稻香村的描述即是以宣傳"農家樂"為主題的產物，各代苑囿中的買賣街則是商品經濟的反映。此外，"武陵春色"是表露追求世外桃源的思想，"釣魚台"是標榜高雅之意，這些都屬於社會意識在園林中的反映。諸多構思的核心仍是再現"自然"這個大主題。

從橫向來看，在各個歷史時期，三種自然主題又是兼收並蓄、互相包容的，只不過各有其發達繁盛的時代而已。以清代避暑山莊為例，其中的萬樹園、松林峽、馴鹿坡等景觀與活動實為古代苑囿式園林一脈相承的產物；其中天宇咸暢、

月色江聲等景觀屬於人工山水園類型的景點；文園獅子林、小
滄浪等則屬於微型寫意式園林。歷史上形成的各類型園林形
式都在不斷發展、變化、運用之中。

圖 86：北京北海承露盤

"視死如生"是中國古代的人們對於死亡的理解,這種理解也反映在獨特的墓葬形制和陵墓建築之中。中國的陵墓建築可分為地下和地上兩部分,地下部分滿足了死者"死後生活"的需求,地上建築則以恢宏的佈局來表現死者的精神永存。

13

視死如生的藝術
——陵墓的地上地下

生命之謎

在古代社會，許多自然現象無法解釋，其中尤其使人們困惑不解的就是生和死。人是如何生出來，死後又到哪裏去，一直是個神奇的謎。世界各地人民對生命起源及死亡歸宿的解釋不同，因此陵墓建築的構思也不相同。古代埃及人相信靈魂不死，有朝一日仍要回歸肉體之中而復生，因此精心保護屍體，採用上等香料製成木乃伊放在墓中，並模仿住宅或宮殿的形制建造陵墓的地上部分。直到古王國時期才擺脫住宅和宮殿的影響，用巨石創造出反映永恆不滅思想的雄偉金字塔。

天主教國家的人們相信人是上帝的奴僕，人死後可以回到上帝的身邊，過著聖潔的天堂生活，因此在人間不太重視墓室的建造，僅僅留一個紀念性的標誌而已。中國西藏地區人民相信人死後會升天，並採取由猛禽叼食的辦法實現肉體升天的願望，即所謂"天葬"，因此在土地上也就不必建造保留屍體的墓室了。

長期以來，中國廣大地區的人民對死後的信念，一直認為是到另一個世界去生活，不僅靈魂不死，而且肉體形象依然存在。在另一世界中人們可以過著與世間一樣的生活，那裏也有市廛閭里、宮殿樓閣、帝王將相，仍然存在著與人間一樣的社會關係。後代人對死者的喪葬處理，一如生前的生活。這種信念不能不影響到中國陵墓建築的構思意匠，進而產生獨具特點的陵墓建築藝術 ——"視死如生"的建築藝術。這種情況不僅表現在朦朧的對天崇拜的遠古時期的墓葬，也表現於宗教在中國形成以後的各個歷史時期的墓葬形制之中。

殉葬與陪葬

既然死者要到另一個世界（不管是陰曹地府，還是極樂世界）生活，就需要帶去生前的所有物品財物。即使在原始社會中、真正的個人財物極端稀少的情況下，屬於個人僅有的一件炊具 —— 陶罐和一些簡陋的石製、骨製工具往往就是他們的陪葬品。步入奴隸社會以後，奴隸也成為主人的財產，死後以生人殉葬供主人在陰間奴役使用，是這一時期墓葬的主要特點。安陽殷墟遺址發掘出的大型殷墓中，殺殉的奴隸婢妾多達兩百人，尚有大量車馬牲畜等。陪葬的生活用具及陳設裝飾品種類繁多，數量巨大。如商王武丁的配偶婦好之墓中隨葬的青銅器達四百四十餘件，玉石器六百件、骨角器五百六十件。容納這樣多的殉葬和陪葬品，自然要求有寬大的地下墓室。如殷墟侯家莊的一座大墓，僅豎穴墓室面積即達 330 平方米，加上四周墓道，總面積達 1800 平方米、埋深 15 米。墓室中除了保存屍體的木棺以外，棺外還包有"亞"字形或長方形的木槨，槨內外埋置了各種陪葬品及殉葬的車馬奴隸等。

商周時期墓葬的地上部分沒有顯著的標誌，即古人所謂的“不封不樹”，也有部分學者研究認為墓室之上可能建有享堂建築，但尚無定論。總之墓葬的重點放在地下，地上建築較為簡略。

　　自戰國以至秦漢，隨著社會生產力的進步，殺殉的做法逐漸減少，而代之以俑人和明器，即用木、陶製的假人和模型象徵車馬、用具、奴僕、房舍等作為陪葬品（圖87）。

圖87：河南密縣漢代陶樓

這種陪葬方式較之以前可以節約財力，在陪葬品類方面卻可擴大許多，甚至可以隨心所欲。以實物殉葬、陪葬時，最大的物體不過是車馬，殉人不過兩百人，而秦始皇陵三座陪葬坑中的陶製等身兵馬俑數目可達七千件，一車四馬的戰車達一百餘輛，是一組氣勢磅礡、威武雄壯的軍陣縮影。一般貴族富戶的墳墓中除了裝飾品、用具之外，也增加了許多大型明器，如房舍樓閣、土地圍池、車船奴僕等，這些內容在過去的實物陪葬方式中是無法實現的。漢代墓葬的陶製明器，特別是陶製房屋的模型有著特殊意義。漢代地面房屋現已無存，明器就是難能可貴的反映建築形象面貌及構造作法的間接資料，漢代建築上很多懸而未解之謎，需要通過這些材料求得解答。漢代以後的墓葬的陪葬品中，金銀用具、珠寶飾物明顯增多，更注重葬品的價值，而更多的生活內容要通過墓室的設計來反映。

象徵性的地下墓室

原始社會為土坑式墓室。奴隸社會雖開始出現木製棺槨，但墓室仍為土坑式，較考究的墳墓是在土坑墓室上部密排棚架，上覆薄土，因為沒有抵抗巨大土壓力的結構形式，所以無法擴大墓室空間。秦漢以來，有兩項技術應用在地下墓室建造中：一為空心磚構成的拱券，一為石窟的開鑿。這使得地下墓室不僅空間寬闊，而且變化自由，為模仿生前的生活環境創造了條件。規模最大的實例應屬秦始皇的驪山陵。秦始皇即位之初即開始營造陵墓，到他死時，該工程已經進行了三十餘年。滅六國統一天下以後，工程更加浩大，曾聚集了天下刑徒七十餘萬人建造驪山陵。陵園的地上建築部分雖已毀壞，但至今在陝西臨潼之東尚遺留有 500 米見方、高達七十餘米的巨大墳丘，供人憑弔。據歷史記載，驪山陵的地下部分異常華麗，"以明月珠為日月，人魚膏為燈燭，水銀為大海，金銀為鳧雁，刻玉石為松柏"，"傾遠方奇寶於塚中，為江海川瀆及列山嶽之形，以沙棠沉檀為舟楫，⋯⋯ 又於海中作玉象、鯨魚，銜火珠為星，以代膏燭"。結合考古發掘出來的兵馬俑軍陣的陪葬坑及宮人、車馬的殉葬坑，囊括天地、山川、爭戰、遊宴等自然景觀與生活場景，活生生地再現了秦始皇的獨夫統治生活。

漢代磚室墓的應用比較普遍，在大型墓葬中擺脫了在木槨中分成若干箱室以儲存陪葬品的做法，而是仿照住宅的佈局，將墓室分建成若干房間。河北滿城發現的西漢中期中山靖王劉勝墓即為一例。它是因山開鑿的洞窟式墓室，計分前室、後室及南耳室、北耳室。按照各墓室內所發現的陪葬器物推斷可知，南耳室為車馬房；北耳室為倉庫，儲存了很多陶器；而前室為一座廳堂，陳列帷帳供接見賓客之用；後室是內室，為墓主人的寢臥之處，儼然是一座大型住宅的再現。

東漢以來，又將當時盛行的壁畫藝術引進墓葬，以圖畫

形式描繪墓主人的生活經歷。20世紀70年代在內蒙古的和
林格爾發現的著名的漢墓壁畫堪稱典型。這是一座具有前、
中、後三室並有三座耳室的多室墓，墓壁上畫滿了壁畫（圖
88）。死者為東漢的護烏桓校尉，經歷孝廉、郎、長史、都
尉、令、校尉等各級行政官吏的升遷。壁畫以連環畫的形式
將其生平升遷的際遇描繪出來，生活氣息十分濃厚，畫面中
表現了漢代的府舍、糧食、廄舍、庖廚等具體形象，也表現
了飲宴、出行、農耕等生活場景。

圖88：內蒙古和林格爾漢墓壁畫府衙圖

漢代多室墓雖然象徵了人世間住宅的面貌，但規模仍受墓室面積的局限，自南北朝開始，對進入墓室的修長隧道（即墓道）進行處理，沿墓道開鑿通達地面的三四個天井，兩側配以耳室，象徵大宅院一進進的天井及配房，最後到達墓室。以陝西乾縣的唐代乾陵陪葬墓——懿德太子墓為例，墓道中共有六個過洞、七個天井、八個小龕，最後才是前後兩座墓室。在第一過洞前的墓道兩壁繪有城牆、闕樓、宮城、門樓及車騎儀仗，象徵帝王都城、宮城景象（圖89），第一天井及

圖89：陝西乾縣唐懿德太子李重潤墓闕樓圖

第二天井兩壁繪有廊屋楹柱及列戟，列戟數目為兩側各十二桿，與史書中宮門殿門制度相同，過洞頂部繪有天花彩畫，墓室及後甬道的壁上繪有侍女圖，從其手中所持器物分析，亦與唐代宮廷隨侍制度相符。整座墓道墓室正是唐代宮廷建築的縮影。若以此例推論唐代帝陵墓室，估計其設計構思與此相似。

宋金時代，墓室中多以磚刻表現建築形象者，其中心墓室的四壁刻鏤為四合院落，四周的正房、廂房、倒座房的式樣，柱、額、椽、瓦俱在。更有趣的是山西一帶金元墓葬中有墓室內雕出戲台一座，上置戲劇偶人，以便墓主在陰間繼

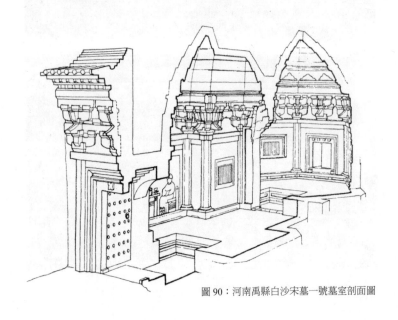

圖90：河南禹縣白沙宋墓一號墓室剖面圖

續享樂（圖90）。

明清以來，磚石拱券技術應用較廣，許多大型墓葬及帝王陵墓都是磚石券洞結構，其佈局也完全仿照四合院的形式。例如明十三陵中的定陵地官即分為前殿、中殿、後殿及左右配殿，甚至每個殿座的屋頂都照地面建築形式製作出來，然後覆土形成寶頂，只不過為了適應拱券的特點，將前殿中殿改為垂直佈置。清代的陵墓地宮充分利用石材特點，在壁面、石門上皆雕滿佛像、經文、神將等。從地下墓室的發展過程來看，愈趨晚期，其象徵性的成分愈少，而仿真的程度愈顯著。

紀念性的地上陵墓建築

地面上的陵墓建築用以表達對死者的追崇之意，各地如是，自古皆然，但其方式卻各有不同。古埃及的金字塔及古印度的桑吉佛塔以其抽象的雄偉體量表現紀念性，印度的泰姬瑪哈陵墓、中亞撒馬爾罕的沙赫‧辛德陵墓等伊斯蘭古代陵墓以其精巧的建築藝術造型表現對死者的崇拜，而中國古代陵墓以其恢宏的建築佈局表現死者的精神永存。

據河北平山縣所發現的戰國中山王陵的兆域（即墳塋）圖版可知，該遺址為中山王及其眷屬四人的墓葬羣。周圍有兩道陵牆，中間為一聳起的橫長高台，台上按次序配置了五座墳塋（有的學者在墳塋之上復原出五座享堂建築）。雖然這是一張設計圖，但也可看出早在公元前 3 世紀，中國陵墓設計就十分重視羣體的氣勢。公元前 2 世紀的秦始皇陵，中心是一座巨大的陵丘，四周圍以兩圈城牆，外城周長達 6300 米（圖 91），內城之北部為寢殿區，內城南部城牆外為食官居處及廊房建築，陵區東門外，北部為三組以軍陣為主題的兵馬俑坑，南部為十七座殉葬墓和九十座馬匹和俑人的陪葬坑，陵區西門外為刑徒墓地，僅這些已發現的陵區佈局已足以說明其氣勢之雄偉。

圖 91：陝西臨潼秦始皇陵

西漢王朝的十一個帝王陵墓除霸陵、杜陵在長安渭水南岸以外，其餘九座全在渭北咸陽平原上，自東向西一字排開，計為陽陵、長陵、安陵、義陵、渭陵、康陵、延陵、平陵、茂陵，一座座覆斗式的封土堆此起彼伏，加上周圍的陪

葬墓，以及為護陵特設的陵邑城池，形成橫列如帶的陵區，
其形勢之豪壯，非一般單座陵墓可比擬。這種集中選擇陵區
的方式，後來的唐、宋、金、元、明、清一直遵循著，特別
是明十三陵的羣體佈局更具有輝煌的成就。唐陵的佈局除了

因襲歷代陵制，在封土四周設陵牆、陵門、石獅以外，特別注重陵前神道的引導作用，在神道兩側佈置一系列石象生、闕門等。關於石象生的設置早在秦漢之時即已開始，帝陵前有石麒麟、石辟邪、石象、石馬之屬，人臣墓前有石羊、石虎、石人、石柱等。漢代霍去病墓前具有一定抽象風格的石魚、石虎、石野人等石刻更是舉世聞名的傑作。南朝陵墓前的石刻已有定制，一般為石辟邪一對、石碑一對或兩對、神道石柱一對。

唐陵石刻更加增多，自唐高宗以後幾成定制，即一對華表、一對飛馬、一對朱雀、五對石馬、十對石人以及其他記功碑碣等。唐乾陵的末尾尚有各地使臣石像六十尊，以表示 “萬國來朝” 之意，神道前還有土闕兩對。這樣的佈局改變了秦漢以來由牆垣圍繞四面闕門的墓區形式，成為縱向逐漸展開的軸線形式。宋代陵墓基本因襲唐制（圖92）。至明代又有新的發展，除神道石刻外，更加強各類建築的佈置，入口處有漢白玉石坊、大紅門、碑亭等，石象生之後設置了龍鳳門、陵門、祾恩殿、二柱門、方城明樓，軸線佈局更加豐富深邃，富於表現力（圖93）。綜觀古代陵墓設計發展，有如下趨勢：封土逐漸縮小，地宮埋深逐漸變淺，羣體佈局向軸線形式演進，建築內容增多，由表現永恆權力的巨大工程體量轉變為表現統治思想的建築環境。

圖 92：河南鞏縣宋陵英宗永
厚陵神道

圖 93：北京明十三陵長陵方城
明樓

軸線對稱式佈局在中國古建築中具有悠久的歷史和純熟的技巧，小到一所住宅，大到整座城市，都有可能因循中軸線進行精確的配置。中國古代工匠通過對直軸、曲軸、豎軸、虛軸這四種軸線形式的運用，創造出了無數千變萬化、巧奪天工的建築作品。

軸線藝術

建築藝術在各藝術門類中屬於空間藝術範疇，它不僅具有色彩、質感等藝術表現要素，還具有形體以及形體與空間其他要素相結合而成的特色。建築羣體有其獨特的藝術感染力，能表達出其他藝術門類無法表現的內容。建築羣體的空間佈局從形式上來說可以分成兩大類，即軸線對稱式佈局和體量均衡式佈局。另外有一些實例是兼有兩類特點的混合式佈局。

　　軸線對稱式佈局即以中軸線為主體，沿軸線佈置建築空間序列，這是中國宮殿、廟宇常用的方式。體量均衡式佈局即在各個空間範圍自由佈置建築羣體，以各建築的大小、輕重、虛實之對比關係達到視覺上的協調均衡。歐洲古典建築如希臘雅典衛城的空間設計，意大利威尼斯聖馬可廣場建築羣設計皆屬此類。中國古典園林設計也運用體量均衡方式組織空間構圖，並取得優異的成就。但就中國古代絕大部分的建築羣來說，運用軸線方式組織空間具有悠久的歷史及純熟的技巧。漫步在中國古代城市中可以發現，從住宅、店舖、會館、衙署、宮殿、壇廟、陵墓，直到整座城市，都有著軸線配置關係，幾何性、方向性的感受遠較西方建築突出。這一特點可能與中國單體建築較早地達到標準化與佈置上的嚴格方向性有關，但更重要的是在中國人的思想意識中，早就對中心、中央、中庸之道等對稱平衡概念建立了根深蒂固的信仰，傾向按中心軸線方式處理事物，包括建築在內。在千千萬萬個按軸線佈置的建築羣體中又能生出千變萬化的藝術特色，極少雷同之感，不能不承認古代匠師在這方面的深厚造詣。軸線佈置的具體形式可分為四種情況，即直軸、曲軸、豎軸和虛軸。

直軸

沿直線佈置建築是傳統建築羣的慣用手法。例如寺廟建築發展到明清時期，多採用一正兩廂形式，前為山門，中為天王殿，東西兩側為鐘鼓樓，後為大雄寶殿，兩側為東西配殿，三層建築沿中軸佈置。這種標準平面適用於各地寺廟，大型寺廟雖然可以增加供養內容及相應的建築，但仍沿著中軸線伸展，增加佈局範圍。各地民居佈局亦以採用直軸佈局者為多，特別是一些典型大住宅。如北京四合院（圖 94）、蘇州住宅、徽州民居、雲南一顆印式住宅、福建三堂加護厝式住宅、客家住宅等。它們的建築層數有高低，院落有大小，間數有多少，但其佈局都是中心軸線概念很強的形式。有些大住宅由於房間過多，一條軸線安排不下，故而採用數條軸線並列的形式，如浙江東陽盧姓大宅，縱軸達七條之多，但依然保持著明確的軸線形式。

衙署建築同樣是軸線佈置的典型。據宋平江府（今江蘇蘇州）圖碑所載，平江府衙的佈置是前為子城（府城）正門，狀如一座城門樓，後為大堂，再次為設廳，其後為小堂及宅

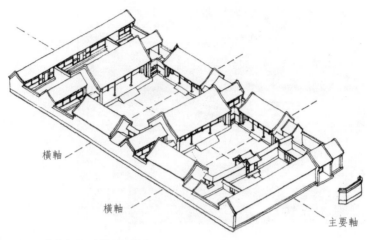

橫軸

橫軸

主要軸

圖 94：北京大型四合院軸線佈置

堂（小堂與宅堂佈置成工字廳形式），堂後為池塘、花園，一直抵達北面子城城牆上的齊雲樓，南北縱列為一直線，方正嚴整、莊嚴肅穆。明清以來的衙署建築依然是前堂後宅、辦公與居住合一的縱軸線佈置方式。壇廟、陵墓等紀念性建築的縱向軸線要求則更為嚴格。某些大型建築羣結合地形順應山勢，佈置成前低後高，但其縱向直軸依然不變，只不過把軸線後部逐步抬高。如頤和園的前山排雲殿軸線、承德普寧寺中央組羣等皆是此類實例。

　　直軸佈局中氣魄最為宏大的建築組羣，要推明清北京城的中軸佈局（圖 95、圖 96）。以外城的南門永定門作為

圖95：北京
故宮中軸線
圖

圖96：北京
故宮中軸線
鳥瞰圖

起點，經永定門大街、內城南門正陽門、皇城大清門、千步廊、天安門、端門，到達紫禁城午門，在禁城內沿中軸線佈置了前三殿、後三殿、御花園等建築羣體，出神武門、北上門，登景山中峰頂的萬春亭，越過景山後的壽皇殿，出地安門，直抵鼓樓和鐘樓，這條軸線長達 8 公里，貫穿南北，一氣呵成。軸線兩側又對稱佈置多重院落及建築，再配以鮮麗的色彩、豐富的造型，從規劃設計角度把“皇權至上”這一設計命題反映得異常深刻。

古代應用直軸佈局的建築羣如此廣泛，人們卻不覺其面貌呆板平淡，關鍵之處就在於古代匠師並非將軸線看作一成不變的直線，而是靈活多變的空間系列，任何一個對稱佈局的院落都是一個有個性的空間。在小小的北京四合院住宅軸線上，四進院落各有不同：第一進為橫長的倒座院，第二進為方形的三合院，第三進為方形的四合院，第四進為橫長的罩房院，空間體量及建築質量各不相同。二三進的正房雖然體量相近，其屋頂也要做成不同形式 —— 二進做清水脊，三進做卷棚頂。至於宏偉的北京城中軸線上的空間更加變化多端，以平面而論，除首尾的前門大街、地安門大街為商業街道外，從大清門至景山壽皇殿共排列了九個形狀大小各不相同的廣場，有“T”字形、長方形、方形、橫長方形等，大多在廣場北側佈置主體建築，也有的在廣場中心佈置主體建築。九個空間中，以高 35 米的太和殿為人工建築物的中心，以高 63 米的景山作為自然地形上的屏蔽，以高 33 米的鐘樓作為空間序列的結束，這其中又穿插佈置了城台、華表、牌坊、橋樑等各種建築藝術形式，賦予空間序列更濃厚的藝術特色。整條軸線可說是建築物譜寫的樂章，充滿了韻律感和節奏感，觀者可從簡單的建築組合中感覺到抑揚頓挫、有如音樂般的旋律。

曲軸

由於地形或歷史上的原因，一些建築羣的軸線不能按預計的直線處理，而是採用曲折的形式，同樣可以維持統一連貫的藝術構思。例如長達 600 米的曲阜孔廟軸線上，前後有八進院落。其前部的金聲玉振牌坊至大中門間的前三進院落的軸線與主軸線偏折成一定角度，過了大中門以後才對正主軸，但由於前部導引部的建築密度稀、體量小，而且松柏成林，遊人行走其間感覺不出軸線偏折。山西洪洞縣廣勝寺的上寺建於山上，前部為山門及八角十三層琉璃磚貼面的飛虹塔，其軸線朝向正南，後部連接佈置彌陀殿、釋迦殿、毗盧殿，三殿軸線向東偏 10 度左右，其軸線轉折處佈置在彌陀殿內，因此不影響軸線的連續性。

清東陵中康熙帝的景陵也是運用曲軸的例子。東陵中以順治帝的孝陵為主陵，從大石坊開始的神道一直對準隆恩殿及寶城，長達十餘里，氣勢雄偉。景陵在孝陵之東，是配

圖97：河北遵化清東陵景陵神道

陵之一，為了處理好景陵獨立性及配屬性的關係，將陵前神
道部分設計成彎道，兩側散點式地佈置著石人、石馬等石象
生。謁陵者過了大碑樓之後沿彎道步入陵區，過了龍鳳門之
後才以直軸對準寶城（圖97）。由於景陵運用彎道，可以造成
一種是由孝陵派生出來的建築組羣的感覺，同時彎道兩側的
石象生交錯佈置，以柔和自然的景觀引導謁陵者前進，並無
生硬之感，是運用曲軸得當之例。

此外，大家熟悉的北海瓊島軸線處理是典型的曲線形式。團城承光殿組羣的軸線與永安寺白塔組羣的軸線都接近正南方向，但兩者相差約十餘米，這是歷史所形成的。古代匠師將團城與瓊島相聯繫的堆雲積翠橋做成“之”字形狀，通過曲橋將南北兩軸巧妙地結合起來，並在橋兩端各設一座華麗的牌坊作為南北兩軸線的呼應。就像兩段直管中間的柔性接頭相互聯通一樣天衣無縫，通順自然。這種巧妙高超的軸線藝術處理手法，直到今日仍令人欽佩不已（圖 98）。

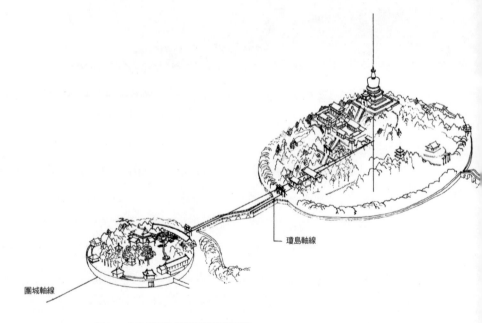

瓊島軸線

團城軸線

圖 98：北京北海瓊島與團城軸線關係

豎軸

軸線不總是運用在水平方向，有時它也應用在垂直方向，這就形成了豎軸。古代佛塔建築是典型的豎軸，即不管是方形、六角、八角、十二角的塔，總是圍繞中心一根立軸去安排結構細節，在造型上唯一強調的就是沿豎軸向上發展的趨勢。史載建於北魏熙平元年（516 年）的洛陽永寧寺九層木塔，高"四十餘丈"，正方形平面，每面九間，三門六窗，塔頂有金盤十一重，四周懸掛金鋒，是一座規整的豎軸式佛塔。

豎軸不僅反映在單體建築，同樣也反映在羣體佈局上。如西漢長安南郊的禮制建築，對其進行考古發掘後，依據資料所做的復原圖說明這是一座豎軸式的建築羣。建築羣的中心部位為一座圓形夯土台，台上建築為方形，四面出軒，高三層，在第二層方形平面的四角建有角樓。土台四周有夯土圍牆，呈方形，四正面設兩層的門樓，四轉角設曲尺形配房。方形夯土牆之外再圍以圓形水溝，水溝的四正向還有環溝。在這座直徑四百餘米的大建築羣中，門、牆、路、溝、台、屋都是依據中心一根豎軸展開的，有條不紊，序列分明。

北京天壇的圜丘壇也是豎軸佈局的一例：三層漢白玉石壇台，四面出階，周環圓形矮牆一周、方形矮牆一周，矮牆四正面皆設漢白玉石欞星門一座。壇台鋪地石及欄杆石望柱都是按照九的倍數從中心向四周排列展開的。豎軸佈局配合這座建築所採用的潔白單純的色彩與造型，使人們自然產生向心向上的情感，恰到好處地完成了這座建築的藝術主題所需要的情感 —— 對天的崇拜（圖99）。

圖99：北京天壇圜丘壇

　　著名宋畫《金明池圖》中所繪製的池中圓形水殿表現了另一種豎軸處理手法：中間為一重簷十字脊歇山頂的方形建築，周圍環以圓形臨水圍廊，廊的四正向設重簷歇山門樓，四門與中央建築以十字廊相聯繫。整個組羣雖然全為單層建築，但利用建築屋面高低形狀的變化及圓形的總體佈局，強調出豎軸的存在，暗示這座島嶼是觀賞路線的重點與結束。

元代以後興盛起來的喇嘛教，為了宣揚經典中描述的諸佛匯集的佛國世界形象，創造了所謂"壇城"的圖式，即世界中心為須彌山，山腰為四天王天，山頂有忉利天，是天帝住的地方，須彌山四周有大海，海中有四大部洲、八小部洲等。這種構思往往用繪畫、模型甚至建築組羣等方式來表現。例如西藏的桑耶寺，承德的普寧寺、普樂寺等。這類壇城採用的也是豎軸佈局。如普樂寺後半部以旭光閣為中心，其本身造型即為重簷攢尖圓頂，室內中心陳列一座木製四方壇城模型，旭光閣下承兩層高台，第一層高台四正向及四角配置了不同顏色的八座琉璃喇嘛塔，比例和諧而富於變化，再下邊四周為羣房及四門，整座組羣稱之為"閣城"，是一座以明確豎軸佈置的建築組羣。

虛軸

　　由於地形地貌等因素影響，無法實現延續的軸線佈局時，往往將一些相距較遠的建築物按軸線對應關係進行安排，使得視線有一個焦點或尾聲，這種軸線可稱為虛軸，與古典園林中應用的借景手法有類似作用。例如長達 8 公里的北京城主軸的一頭一尾實際為虛軸，出正陽門箭樓至永定門近 3 公里的長街兩側，商店鱗次櫛比，並無對稱性安排，但有了永安門作對景，自然把這條街道貫穿起來了。又如薊縣縣城內的遼代建築獨樂寺，正南方有白塔一座，兩座建築沒有建築上的聯繫，中間相距百餘米，且蓋滿了住宅，沒有道路相通，但這兩座高建築可以互相瞭望，彼此成為對景建築物（圖 100）。這就是虛軸的運用在城市景色中起的作用。

明十三陵也有虛軸的手法。整個陵區內 13 座陵墓全部坐落在山麓下，東西北三面為山嶺所環抱，以南部兩座相對的小山為陵區入口，入口處還建造了一座五間六柱十一樓的漢白玉石坊。這座石坊的選址非常巧妙，從石坊中線望去，恰巧對著天壽山主峰，主峰下正是陵區的主陵 —— 明成祖的長陵。雖然石坊距長陵遠達 9 公里，其間通路幾經曲折，還越

圖 100：河北薊縣獨樂寺觀音閣遠望白塔

過兩條河溝，但由於這種軸線的對景處理，在入陵區之始即顯示了全陵建築的氣勢，突出了入口的重要地位。

古典建築組羣的軸線處理雖有上列各種手法，但在結合地形、地貌、建築體量等方面，尚可創造出多種配置方案，而且經常多種手法並用，或者與體量均衡式佈局並用，雖有成法，卻無定式。

中國古代建築色彩與眾不同，用色強烈、圖案
豐富，使用色彩的部位多、面積大，但彼此
間又十分和諧統一，具有絢麗、活潑、生活氣氛
濃厚的藝術風格。在形成中國建築色彩的諸多因
素中，以琉璃瓦、彩畫及漢白玉材料所起的作用
最大。

15

彩色的建築

世界上任何國家或地區的建築都缺少不了色彩，因為整個世界就是一個彩色的世界，但每個國家的建築色彩基調和風格又各不相同。古代希臘建築的色彩呈現一種潔淨的風格；歐洲高直建築色彩又過於沉重；俄羅斯古代建築色彩較為繁雜；伊斯蘭教建築色彩十分華麗而又有較強烈的神秘感；日本古代建築雖然與中國接近，但色彩偏於簡素。中國古代建築色彩與眾不同，用色強烈、圖案豐富，使用色彩的部位多、面積大，但彼此間又十分和諧統一，具有絢麗、活潑、生活氣氛濃厚的藝術風格。可以說中國古代建築在運用色彩上有成熟的造詣。在形成中國建築色彩的諸多因素中，以琉璃瓦、彩畫及漢白玉材料所起的作用最大。

琉璃瓦

琉璃瓦是一種表面有各種顏色的玻璃質釉料的陶瓦。"琉璃"一詞最早見於《漢書》，當時寫為"流離"，是就一般初級玻璃而言的，若論塗釉陶器的應用時間，則比《漢書》所指的"流離"更早。在河南鄭州二里崗商代城市遺址中曾有帶釉的陶器殘片出土，證明在公元前一千餘年中國的先民們即已掌握製釉技術。建築上使用琉璃瓦約始於公元 4 世紀初，相當於西晉末年，歷經唐、宋，迄元、明、清而大盛，初期建築上使用琉璃瓦件僅限於屋脊鴟尾、簷頭瓦件等處，後漸擴展到全部屋面及飾件（圖 101）。最早出現的琉璃瓦顏色為綠

圖 101：山西洪洞廣勝寺飛虹塔細部

色，以後陸續增加了黃、藍、褐、翡翠、紫、紅、黑、白等顏色。這些琉璃瓦五彩繽紛，流光奪目，不僅是優良的屋面防水材料，還是建築外簷重要的裝飾材料。

　　琉璃釉的主要成分是二氧化硅（SiO_2），熔融以後可以形成玻璃狀光澤。為了使其較易熔化，還要增加助熔劑，一般使用的原料為鉛丹或密陀僧。為了使琉璃釉呈現不同的色澤，尚需加入一定的呈色劑，即銅、鐵、鈷等金屬氧化物，因大量使用鉛或鉛的氧化物作為助熔劑，窯溫攝氏 900 度左右，釉料即可熔化，此種釉屬於低溫釉類，也唯有低溫釉才能保證釉色鮮麗。中國古代琉璃釉使用的原料，皆為天然的礦物，各地礦石的品位及成分皆不相同，因此配製比例也不相同，形成多種多樣的地方特色，例如山西介休的金黃色瓦、平遙的孔雀藍色瓦，瓦色十分豔麗，外地琉璃瓦很難達到這樣的水平。

　　琉璃瓦屋面從唐代的剪邊作法發展至宋金時代，已擴大為全部屋面滿鋪。琉璃瓦不像一般青瓦那樣容易砍截或用灰包襯，必須事先按屋面大小及形式，設計出坯樣，一次燒成。為了適應各種屋面形式的變化，至遲到明代，琉璃瓦已經形成固定的標準型號，包括筒瓦、板瓦以及所用的吻獸、脊筒、走獸、釘帽等配屬瓦件。型號計分十種，稱之為“十樣”，除一樣瓦與十樣瓦在工程上未曾使用過外，計有八種規格。目前應用的最大型號為北京太和殿屋面使用的二號瓦，其正吻高達 3.36 米，重量為 3.65 噸。

明清兩代建築所用琉璃瓦的顏色，也反映了等級觀念。如金黃色為皇家宮殿、陵寢的專用顏色，亦可用於重要的壇廟及敕封的寺觀；綠色用於王府、佛寺；黑色用於祭祀建築；藍色專門為祭天之用；園林則多用雜色。由於琉璃的色澤豔麗，品類多樣，故在封建社會後期，琉璃瓦件的應用逐漸由防水材料向裝飾材料過渡，產生出各種形式的琉璃面磚（圖102）。宋代開封祐國寺

圖 102：北京頤和園多寶琉璃塔

塔在高達五十餘米的塔身上全部鑲貼鐵褐色琉璃面磚，故俗稱"開封鐵塔"，這是中國最早的一座以琉璃面磚裝飾的建築物（圖 103、圖 104）。明代山西也有多座琉璃塔皆是彩色面磚拼

圖 103：河南開封祐國寺塔

圖104：河南開封祐國寺塔琉璃磚

貼的，最著名的為洪洞廣勝寺的飛虹塔。清代還將琉璃面磚應用於喇嘛塔的裝飾上，一反喇嘛塔素白無瑕的外觀特點。承德幾座寺廟中的喇嘛塔很多通體都有琉璃裝飾，並各按方位設計成不同的顏色，配以鎦金塔頂，光彩奪目。自明清以來，琉璃製作還與歷史上形成的建築塑壁技術結合起來，在製作大型琉璃塑壁方面取得很大成就。現存的三座九龍壁 —— 大同九龍壁、北京北海九龍壁（圖105）、故宮寧壽宮九龍壁都是膾炙人口的名跡。清代除了用於建築裝飾的琉璃件以外，還製作了香案、供具、焚帛爐等大量小品飾件，據《大清會典事例》記載，這些零星小件名目達二三百種之多。

圖 105：北京北海九龍壁琉璃磚細部

漢白玉

中國古代建築雖然以土、木為主要建築材料，但使用石材的部位及數量也不少。例如木柱立於地面上，為了擴大接觸面以增加承載能力，要在柱根設置礎石。因早期木構的木柱栽置於地下，礎石埋在地中，僅用粗糙的大塊卵石即可。自漢代以後，建築木構架上升到地面以上，礎石亦浮出地面，礎石表面的加工成為室內裝飾的重要部位。唐代的覆蓮柱礎、宋代的纏枝花卉柱礎都是體現當時建築風格的重要標誌。明清以來，官式建築雖然多用素平無華的古鏡柱礎，但在南方民間建築中，柱礎依然裝飾得十分華麗，鼓狀瓶狀各異，方形圓形不一，有的還在礎上加用石盤，成為多層的柱礎，遍體雕飾著動植物紋樣。建築台基也是應用石材的重要部位。初期的夯土台多用磚包砌，重要建築物的階沿及台角加用石條，以後發展成全用石材包砌。到唐宋時期，由於佛教的傳播，形成了由數層石條（或磚條）壘砌成具有束腰的須彌座式台基，在須彌座的上下枋、梟混及束腰部位都雕飾著大量的紋樣，作為美化建築外觀的手段。此外如石柱、石階、夾杆石以及石燈、石花台等小品也是應用石材的建築構件。

綜觀歷史上的用石例證，可以發現早期石材藝術加工多局限於雕鑿手段，即制造出體型的起伏變化，增加光影明暗效果，達到美化的目的。宋代石雕技藝即已形成剔地起突（高浮雕）、壓地隱起華（淺浮雕）、減地平鈒（線刻）和素平四種形式。明清時期在南方盛產佳石地區更發展了透雕技藝，在一根石柱上有數條雲龍浮繞於柱身，而且四面透空，可以說達到了石雕藝術的極限。伴隨石材用量的增加，工匠們開始注意石材質地及色彩的選擇，明清北京地區所用石材即有青石、青白石、青砂石、豆渣石、紫石、豆瓣大理石、艾葉青石、漢白玉石等十餘種之多。石色在建築藝術中發揮了更重要的作用，其中最有特色的是漢白玉石。

漢白玉是一種純白色的大理石，主要由一種叫方解石的礦石組成，化學成分是碳酸鈣（$CaCo_3$），產地在北京房山縣大石窩，礦脈供採掘已達千年，此外河北曲陽、安徽鳳陽也有出產。宋人杜綰所著的《雲林石譜》中就提到過它："燕山石，出水中，名奪玉，瑩白堅而溫潤，土人琢為器物頗似真玉。"這證明宋代人已發現了它的裝飾價值，不過尚未用作建築石材，僅雕製為小件器物。當時稱之為 "燕山石"，也說明它是產於北京附近的。

　　明清以來，漢白玉成為大內及陵寢的專用材料，因其材性柔而易琢，故可雕鏤各種精細的圖案。漢白玉大量應用於台基須彌座上，與黃色琉璃瓦的屋頂、鐵紅色塗染的牆壁形成封建末期宮廷建築的典型顏色配比，具有純淨、熱烈、莊重的色彩特徵（圖106）。由於漢白玉潔白無瑕，故而單獨使用時更有獨特的感染力。這方面最成功的實例為明十三陵的

圖106：北京故宮乾清宮石欄杆

五間六柱十一樓的大石坊，通體潔白，以藍天為襯，益發顯得崇高肅穆。清代西陵中的雍正帝泰陵也應用了這一手法，並將一座石坊增加為三座石坊，形成一組雄闊潔白的石坊羣。天壇的圜丘壇原是青色琉璃磚砌築的，乾隆年間改砌為漢白玉石欄杆及台基，取得了異乎尋常的藝術效果。在一般宮殿建築色彩配置中，白石基座是作為一條線帶安排在底部的，與屋頂、牆壁互為襯托，而圜丘壇則是在綠樹、紅牆包圍中的一團白色，從顏色的光亮度上保證壇體的主導地位。圜丘設計不僅是構圖藝術，也是色彩藝術的成功範例。

彩畫

華麗的建築彩畫源於木結構構件防腐的要求。最早僅在木材表面塗刷礦物質顏料以及桐油等物，此後逐漸發展成彩繪圖樣及圖案，成為中國古典建築中最具特色的裝飾手法。公元前 6 世紀的春秋時代就有 “山節藻棁” 的記載，即將建築樑架上的短柱塗刷上水藻狀紋樣。秦漢之際，華貴建築的柱子椽子上也繪有雲氣龍蛇等圖案。由於廣泛使用帷帳作為建築物室內的屏蔽物，故而一些綾錦織紋圖案也用於建築彩繪上。南北朝以來，一些佛教花紋如捲草、蓮瓣、寶珠等也成為建築彩繪題材。宋代建築彩畫進一步規格化，形成五彩遍裝、碾玉裝、青綠疊暈棱間裝、解綠裝、雜間裝、丹粉刷飾等六大類，分別用於不同等級的建築物上。明代彩畫在宋代如意頭圖案的基礎上發展成為旋子彩畫，並成為明清時代五六百年間的主要彩畫類別（圖107、圖108）。清代工匠又創造出雍容華貴、金碧輝煌的和璽彩畫（圖109），以及靈活自由、畫題廣泛的蘇式彩畫（圖110、圖111），進一步豐富了彩畫的藝術形式。今日木構建築雖已被磚石混凝土結構所代替，但在室內外裝飾工程中依然可以參借歷代傳統彩畫的構圖規律及用色原則，以發展形成具有中國特色的裝飾風格。

中國古代彩畫技藝有許多獨特之處。例如繪製某一顏色線道時，往往用深淺不同的同一顏色依次塗繪，形成層次變化，術語稱之為"退暈"。退暈原來是應用在壁畫上的手法，用以表現物體的體積變化。據記載，南朝梁的大畫家張僧繇在畫一乘寺壁畫時曾畫出了花瓣的凹凸體積效果，估計使用的就是退暈之法。此法用於彩畫後，圖案更加規格化 —— 清代規定石碾玉彩畫為三層退暈，而雅伍墨則為兩層退暈。應用退暈法使得建築彩畫圖案的線路更加柔和渾厚，避免了剛硬之氣，與木結構的建築造型協調一致。

封建後期的彩畫圖案擺脫了寫生畫的影響，更趨向圖案化，最有代表性的就是旋花圖案。旋花是由宋代如意頭、西番蓮圖案發展而來的一種團花圖案，本身不代表具體花卉，而是數種花卉綜合起來的程式化的圖案。有整團的、半團的、一路花瓣、兩路花瓣、勾絲咬式花瓣等圖案形式，互相組合成不同長度與寬度的長條形彩畫，繪於檁枋的兩端，猶

圖 107：清官式金線
大點金旋子彩畫

圖 108：清官式雅烏
墨旋子彩畫

圖 109：北京故宮太
和殿金龍和璽彩畫

圖 110：北京北海快雪堂浴蘭軒次間枋心式蘇式彩畫

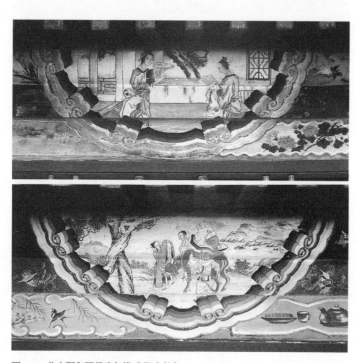

圖 111：北京頤和園長廊包袱式蘇式彩畫

如花錦包裹在樑枋上。加之用色上採取青綠相間之法，使整體效果既統一，又富有變化；既有寫生餘意，又是規格化的圖形，其華貴的建築裝飾藝術效果比單純寫生畫法要強烈得多。

中國彩畫製作中尚有"瀝粉"之法，就是將桐油和白粉配成的粉漿擠壓在彩繪紋樣界緣上，形成凸起的白色線道。這種方法在南北朝時期繪製的壁畫上即已採用，明清時期成為通用之法，同時在一些陳列品、工藝品中也有應用瀝粉。瀝粉可以使平面圖案增強立體感，以線條明暗來烘托色彩效果。

"貼金"是中國彩畫的又一創造，將金箔直接貼在彩繪圖案上，以最亮的顏色 —— 金色來統率所有顏色，形成更加輝煌閃爍的色彩效果。在具體用金箔的方法中又分貼金、泥金、掃金，可以產生不同質感。所用金箔又分赤金、庫金等不同金色，輝煌之中仍有許多變化。

中國彩畫之發展可以從三方面看出其演進軌跡：其一，圖案由寫生風格轉變為規格圖樣，與建築線條風格更為協調，一般工匠皆可製作並能保證必要的藝術質量；其二，色彩運用上由五彩遍裝向具有明顯色調的色彩配置方面轉變，明清彩畫明顯地分為冷暖色調，冷色以青、綠、黑、白為主，暖色以赭、紅、黃、金、粉為主，冷暖彩畫圖案分別用於建築的不同部位；其三，由一般裝飾美化向具有個性的彩畫類別發展，很明顯可看出和璽彩畫、旋子彩畫、蘇式彩畫分別代表著華貴、素雅、活潑三種不同格調。彩畫在增強建築藝術的表現力、感染力方面起了突出的作用。繼承傳統彩畫的精粹，除了在技藝上應該繼續發揚改進之外，更重要的是要充分理解作為裝飾手段的彩畫技藝，在建築藝術上的重要作用及其成功經驗。

古代各個國家、各個民族，乃至各個國家
內的各個地區之間的建築都具有明顯的
差異，表現出濃厚的鄉土氣息。中國地域廣
博，歷史悠久，現存的具有特色的民居建築不
下數十種，其數量之多、形式之異，在世界各
國中也是十分少見的，即使在今時今日，也是
一筆豐厚的歷史遺產。

16

鄉土建築之根 —— 民居

古代各個國家、各個民族，乃至各個國家內的各個地區之間的建築，都具有明顯的差異，表現出濃厚的鄉土氣息。人們往往依據當地鄉土建築的外形，就可測知此地是什麼國家、什麼民族，就像聽方言可知說話人的原籍一樣。這種鄉土味並非故意造作，而是天造地設的，可以預見今後建築的鄉土特點還會繼續表現出來。當前世界技術進步很快，各國各地彼此在技術上交流融合，建築中的共性成分增加，個性部分減少，但絕不等於沒有差別。在眾多形式的鄉土建築中，對形式發展具有決定性影響的是量大面廣、相繼相承的民居建築。它是鄉土建築的根本，甚至高大宏偉、技術精湛的宮殿廟宇也不斷從民居建築中汲取營養。

中國地域廣博，歷史悠久，現存的具有特色的民居建築不下數十種，如北京的四合院、山西及陝西一帶的窯洞住宅、江南一帶的“四水歸堂”式住宅、蒙古包、西藏碉房等。其數量之多、形式之異，在世界各國中也是少見的，對於當今建築設計工作而言，無論從形式上還是構思上都是一筆豐厚的歷史遺產，可供我們參考借鑒。中國多彩的民居建築形式無法用少量筆墨概括，但其表現出的樸實的設計思想卻帶有共性。

生活要求是民居設計的基準

這個原則是古往今來所有建築所遵循的規律，但在民居建築中表現尤為突出。以典型住宅的北京四合院為例，它由四面房屋圍成的院子為基本單位，聯合數個院子而成為一幢住宅（圖112）。一般中軸上的建築羣由四個院子組成。在東南角開設大門，臨街面南。進門為外院，外院的南面為倒座房，作為外客廳及雜物間使用。外院與內院間有圍牆及垂花門分隔，一般客人不進內院。進垂花門為內院，面積較大，正廳為內客廳，作為家庭集會時用。從東面耳房轉向後面為二進內院，二進內院的正廳為家長住房，廂房為子侄、晚輩等用房。內院四周各房屋用週迴的抄手遊廊及穿山遊廊相聯繫。最後為後院，一般

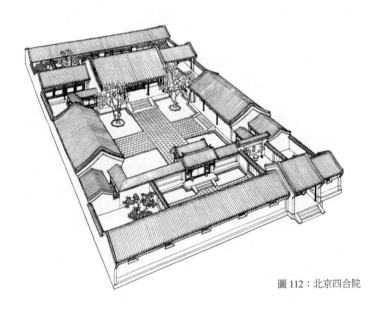

圖 112：北京四合院

沿後街建造，一排九間房子，作為庫房、廚房、僕人用房等用途，西北角開後門通後街。假如家族人口眾多，尚可與中軸線並列建立東西兩軸線，佈置住宅用房及書房、花廳等項目。住宅四周有圍牆封閉，對外不設窗，大宅院尚在圍牆之內設更道一圈。院內栽置花木或陳列盆景。所有房屋的使用，既滿足了

圖113：北京西觀音寺某宅裝修

圖114：北京西城護國寺街九號梅蘭芳故居

當時社會的內外有別、長幼有序的禮制要求，也使得居住者獲得一個舒適安靜的居住環境（圖113、圖114）。

這種佈局不僅通行於北京，從東北、華北、江浙、兩湖一直到雲南，有很大一片地域的民居都是採用四合院（有時是三合院）的佈局形式，但又針對當地生活要求有所變異。東北四合院的院落較大，四周院牆也很空曠，這是因為當地住戶多用馬車為交通工具，在院落中需有一定的迴轉餘地。蘇州地區四合院房屋密集，院落較小，前院多將東西廂房取消，改用高圍牆，這是為了減少日曬的影響，營造蔭涼的效果。同時由於水鄉地區氣候潮濕，故將後院住房改為樓房，樓下用於起居，樓上較為乾爽，作為臥房之用。南方普通民居往往將正房的當心間做得寬大一些，並且不做前簷門窗裝修，成為敞廳，這樣做不僅涼爽，而且光線充足，既適合生活起居，又可進行戶內生產，如刺繡、編織等（圖115、圖116）。江南水鄉住宅充分利用水運之便，在後門沿水巷設立住宅自用小碼頭，可以乘船出進，進行買菜、運物、洗刷用具等家務活動。

圖115：江蘇無錫薛福成故居小院

圖116：江蘇常熟翁同龢故居

　　少數民族的民居中同樣反映出密切結合生活使用要求的特色。蒙古族的蒙古包是適應遊牧特點的活動民居；雲南、兩廣一帶少數民族所喜歡用的干闌式住房（圖117），其底層為架空的空間，人們居住在上層。這樣設置，一方面可以減少因土地潮濕而引起的疾病，另一方面也可避免蟲蛇的侵襲。雲南傣族利用當地盛產的竹材搭製竹樓建築，也是採用干闌的手法，但由於內室黑暗炎熱，故在內室之外專門設置一個寬闊的前廊，作為白天家務活動、休息、婦女紡織和喜慶集會之處。前廊之前還有一曬台，設有曬架，可供晾曬糧食、

圖117：雲南景洪傣族住宅

雜物之用。一切空間上的佈置安排皆源於當時當地居民的生活要求。

　　在福建、廣東聚居的客家族，其民居是一種特異的形式。一個大家族系統內的數十戶人家共同居住在一幢四五層的環形大樓內，有圓形的或方形的。外牆為夯土牆，厚達1米以上，不開外窗，形同一座堡壘。底層是雜用間、廚房、畜舍，二層是穀倉，三四層住人。環形建築包圍著內院，內院中央為一座宗祠（圖118～圖120）。這樣的佈局形式也是

圖 118：福建永定湖坑鎮洪坑村振成樓

圖 119：福建南靖書洋鄉田螺坑村

圖120：福建南靖田螺坑村文昌樓內景

基於客家人特別的生活方式：客家族原為中原移民，在福建、廣東客居，他們為了保護自身的安全，採取聚族而居的方式。一族建一幢大房子，提高層數，加厚外牆，也是為了保衛安全。當然這樣的生活方式是很特殊的。特殊的生活決定了特殊的民居形式。

用材經濟，構造便捷

民居建造技術中對 "就地取材，因材致用" 原則的運用最為突出。各地民居中幾乎將土、磚、木、竹、石等所有結構材料都運用進去了，居民可以在本地獲得最便宜的材料來建造房屋。

中原一帶長期使用木材為構架用材，其主要構架方式可分為兩種：北方為抬樑式，即在柱上架樑，疊置數層，再在各層樑端架檁條（圖121）。此法是為了應對北方屋面厚重、荷載較大的特點，一則可用屋面重力保證構架穩定，二則這種構架可以分成單個構件，拼裝施工方便。南方則用穿斗式構架，即在柱上架檁，柱柱落地，柱間以穿枋和斗枋相聯繫，以保證構架穩定（圖122）。此法是為了適應南方氣候溫和、屋面薄、荷載小、檁柱用材小的特點。這樣每榀屋架可以在地面穿斗好，進行整體施工。在乾旱少雨地區，木構架也有做成平頂的，如新疆維吾爾族建築和西藏等地的藏族碉房建築，多用密肋平樑構架方式；而一些林木豐盛地區則仍沿用古

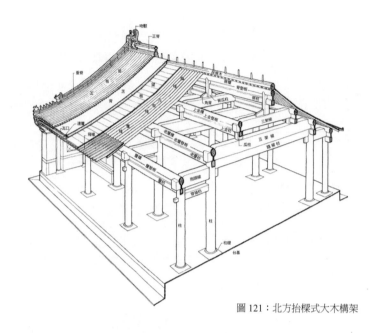

圖 121：北方抬樑式大木構架

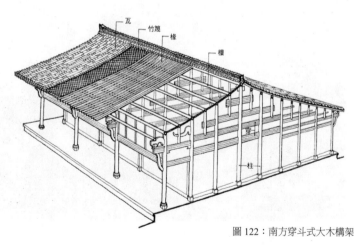

圖 122：南方穿斗式大木構架

代傳統的井幹式住宅，以原木相互交搭為牆體，以承屋頂重量，這種房子在東北大興安嶺及雲南四川等林區中比較常見。

在土工方面，匠師們同樣積累了豐富經驗，民居的土結構以土窰洞與土坯拱的使用最有特色。土窰洞多應用在黃河流域的河南、陝西、山西、甘肅等黃土地區（圖 123），一般靠土崖建造，可鑿進一洞，也可數洞相連，或上下數層（圖 124、圖 125）。窰洞冬暖夏涼，節約能源。西方一度盛行的"生土建築"，即是這種利用保溫性能優良的黃土所建造的房屋，而中國土窰洞可謂此類建築的先聲。土坯拱以新疆吐魯番地區最普遍，且當地匠師建造土拱不用拱架，而是利用夾

圖 123：山西臨縣磧口李家山村窰洞住宅

圖124：河南鞏縣窯灣鄉巴溝曹宅靠崖窯

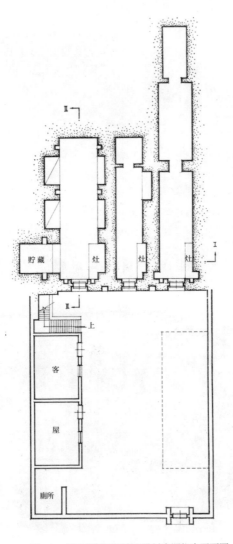

圖 125：河南鞏縣巴閏鄉巴溝村窯洞住宅平面圖

楔和拱身微斜的方法砌築，施工速度很快。

　　民居中的石工技術當推藏族工匠所造的碉房。這種住宅一般為三層：底層作牲畜房和草料房；二層為居住部分，有兩三間；三層是經堂及曬台。四周全為石牆，內部為木柱樑及密肋式擱柵結構。藏族工匠砌築石牆的技術相當高明，砌築三層外牆乃至數十米高的碉堡均不用立杆掛線，不用外腳手架，而是在房屋內部砌築，保證牆壁非常挺拔平整。雲南傣族的竹樓建築則全部為竹木結構，取材方便，施工簡易，在鄉鄰的幫助下，一幢住宅兩三天便可建成。

　　至於民居的牆體構造及裝修細部等，更具有就地取材的特點。除了黃土地區的夯土牆以外，江南的空斗磚牆、木骨草泥牆，福建沿海地區的彩色塊石牆，浙江天台、紹興等地的石板牆，雲南的不同圖案編織法的編竹牆等牆體，都具有濃厚的地方特色。此外，鋪陳用的竹蓆、氈帳，採光用的油紙、明瓦、蛤片也都是將地方特產用於居住建築的體現。

靈活的建築形式

　　生活在發展變化，地區條件各有不同，建造者的財力物力各有豐薄，一切變化著的條件都要求民居必須具有靈活的建築形式。以北京四合院為例，小的住宅僅有一個獨院，正房三間，東西房各一間，倒座房兩間，也能組成院落格局。再小還可以有三合院、兩合院，甚至僅有三間正房的小院。而巨大的四合院住宅可以有數進房屋、數條軸線、上百間房間，並帶有私家花園。四合院的各組院落可以聯通，也可隔絕 —— 家庭人口增多以後，可將鄰近的四合院組織到自己宅院中來；有時因封建大家庭瓦解，將大宅分隔成數院，各開門戶，各房子侄分居獨自生活，這些情況都是很常見的。在北方，典型四合院的朝向多為朝南，但在具體街坊佈局中常將門戶開在北面或東西面的胡同裏。總之，在佈局上是嚴整的，而在運用上又是靈活的，可隨時適應不同的客觀情況。

窯洞建築也是一種很靈活的建築形式，根據各地土層厚薄、黃土斷崖深淺，可以產生不同的窯洞形式。一般在土崖壁上開鑿的窯洞稱"靠崖窯"，可數洞相連，可上下開窯數層，有的窯洞前建造房屋院落，形成"靠崖窯院"。某些缺少高峻山崖但土層深厚的地區，如河南鞏縣等地，則在平地上開鑿方形或長方形的深坑，在深坑四周開鑿窯洞，稱為地坑窯或天井窯（圖 126）。這種窯洞可串通數個天井院，形成規模較大的宅院。此外山西一帶也有用磚或土坯發券做成窯洞形式的，稱為"窯房"。取其冬暖夏涼的優點，上面覆土，做成平頂，農家可利用平頂晾曬糧食。這種"窯洞"已經脫離自然土層的約束，可在平地任意建造。

四川山區民居佈局與構架更體現出民居形式的靈活特點。四川山區地形複雜，丘陵起伏，一般民居雖然也是由單棟房屋組成三合院或四合院式建築，但工匠們又根據地形特

圖126：河南陝縣大營鄉城村地坑院（平地窯）

徵，採取許多輔助處理手法、形式各異的建築組合。例如地
形坡度較小時，可分層築平台，逐台提高，每一台為一進院
落，錯落有致，這種手法稱之為＂台＂；也可將室內地面做
成一定坡度，稱之為＂坡＂，還可隨地形坡度下降方向將部
分屋頂披下，稱之為＂梭＂。若建築物垂直等高線建造時，

可將建築物分成幾段建成階梯形，稱之為"拖"。若地勢狹窄，用地較少，也可將建築樓上部分向外挑出，爭取空間，稱之為"挑"，多應用於臨街或沿江河的住宅。若在坡度很大或陡坡峭壁處建造房屋，往往用撐柱將住房的前部或後部支住。做成"吊腳樓"形式，減少大量土石台基工程量，稱之為"吊"。工匠利用上述方法，可在任何複雜的地形區域建造適

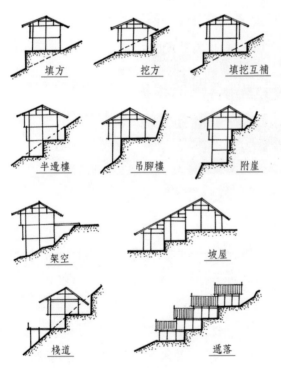

圖127：山地民居利用地形的手法示意圖

應需要的傳統住宅而不受任何約束（圖 127）。至於可隨宜靈活拆卸及轉移的蒙古包及藏族的帳房等，更體現了民居多方面的適應能力（圖 128）。

1949 年後社會主義建設對居住建築提出了新的要求，但地形、材料、氣候、技術條件等地區性因素，乃至地方性的風俗習慣，依然是建築師們必須考慮的問題，需要在傳統住宅中汲取營養。至於民居設計中的空間處理及細部構造方面的成功經驗，更可使建築師們擴充眼界，抒發構思。

圖 128：內蒙古呼和浩特四子王旗葛根塔拉草原蒙古包

嚴整的城市規劃，標準化、多樣化的木結構體系，建築與自然環境的結合，就地取材、因材致用，絢麗多姿的色彩……中國傳統建築正是以其獨特的風格和豐富的內涵，成為與其他國家或地區迥然不同的建築體系，亦對現當代建築藝術的發展做出了重要的貢獻。

17

華夏建築的特色

任何國家或地區的建築都有自己的特色，就像衣著用具一樣，長年居住在其中的人們不太能感覺到，但外來人卻可經過比較，得到新鮮的感觸，敏銳地察覺出其特點。來中國旅遊或工作的外國人第一次看到中國傳統建築時，都表現出高度的讚美，為東西方建築文化上的巨大差異而驚訝不已。中國傳統建築的誘人特色可以從下列幾方面表現出來。

嚴整的城市規劃

據考古發掘，奴隸制的古代埃及曾有過規整的城市規劃，但歐洲自從步入封建社會以來，許多城市的發展都帶有相當大的自發性；表現在城市佈局形式上的，是一層層環形放射式的街道網，道路彎曲狹窄，城市中心區更為顯著。城市建築精華往往集中在宮殿、城堡、教堂建築及其相關的廣場上，而整座城市則顯得擁擠而沒有一定的章法。西方城市進行總體規劃是近代資本主義發達以後才開展起來的。

中國在戰國時代（前 5 世紀）就曾對皇帝居住的首都 —— 王城，提出完整的規劃制度，全套思想記載在《考工記》一書中，這樣的首都規劃制度一直是歷代王朝都城建設的依據。同期成書的《管子》中也記載了不少關於選擇城址的原則，例如城市應接近水源，但要注意防潦；城市道路網設計要因地制宜，不一定筆直一致；城市居住區應該劃分為閭里單位，並按職業適當分區等。

建於公元前 4 世紀至公元 3 世紀的秦代咸陽城和漢代長安城，不僅有統一的平面規劃佈局，而且在城址選擇上也是貫徹上述理論的優秀實例。公元前 2 世紀的漢代，晁錯根據當時的國防形勢，曾提出過固邊移民建設邊城的意見，認為選址要交通方便，草木豐饒，每城千家，劃分閭里，由國家先築房屋，每戶三間，預先開闢好道路及耕田，設置醫巫，種樹造林，佈置墓地等。這可以說是對邊區軍事城塞的規劃設想，近年在內蒙古、甘肅長城內外的漢代城址考古發掘，可以證明這些主張確實曾付諸實踐。

公元 6 世紀隋唐長安城的規劃是一次規模宏大的城市規劃實踐，全城達八千餘公頃，全部劃分為整齊的方格道路系統，全城用地分區明確，道路通暢。被譽為"東方威尼斯"的蘇州，在宋代稱作平江府，它反映了另一種靈活的規劃思想。由於地面水源豐沛，故而在城市交通系統中佈置了一套由環城河、城內主河道與水巷組成的河渠網，既可排除城市雨水、污水，又可用作運輸用途，以補道路交通之不足。因此這個城市的住宅佈置都是前臨街、後臨河，形成了別具一格的水鄉城市風貌（圖 129）。

完整地保留至今的明清北京城，它的前身是元代大都城，它那整齊寬敞的街道、豪華的宮殿園林、佈置有序的壇廟集市，曾使當時在元代宮廷任職的意大利商人馬可·孛羅驚歎不已。

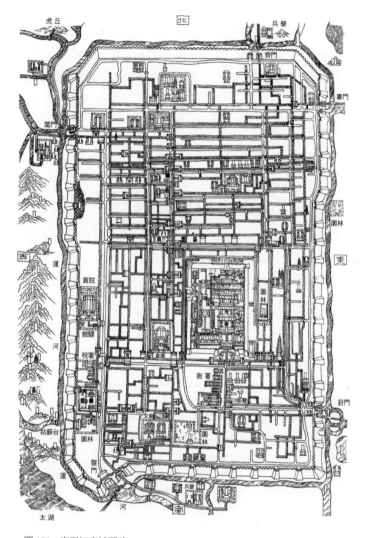

圖 129：宋平江府城圖碑

嚴整的城市規劃方式反映在府、州、縣級的中小城市中，一般以州治、縣治或鼓樓作為城市中心，形成井字、丁字或十字的街道網，四面開設城門，沿街佈置牌樓、店舖，而住宅則安排在呈平行排列的小巷之中。這種佈局在北方城市中非常普遍。

標準化、多樣化的木結構體系

　　西歐國家古代建築大部分為磚石結構，因此表現出來的外觀特點為樑柱粗壯，門窗狹小，牆壁厚實，裝飾方法上以磚石雕飾為主。古希臘、古羅馬的神廟、府邸等即是如此。拜占庭到哥德式的建築雖然廣泛採用拱券技術，建築外觀上表現出空透的構圖，但其總體藝術效果仍屬厚實的磚石建築風格。西亞、北非等地的伊斯蘭教國家，其重要建築以穹隆結構為屋頂主要形式，建築外觀上充滿了各式球形的構圖，也有其獨特風貌。

　　中國古代建築結構是以木材為基本材料，其構架方式是以柱上架樑，樑上疊樑，樑端架檁的抬樑式木構架為主。其用材的體量比西方建築要細巧得多，加以中國建築所特有的斗栱構造，使建築外觀顯現出一種玲瓏、纖巧的格調。

　　中國建築為什麼長期以木材為基本材料，這是一個由地理、人文、社會、經濟等因素所決定的問題。古代中國地處溫帶，擁有豐沛的林木資源，取材方便，而且木材是最容易加工的建築材料，世界各國皆是如此，在古代的一般性建築中，除了土以外，以木材應用最多。中國氣候不十分寒冷亦不十分炎熱，木構建築可以解決大部分地區的生活使用要求。中國人喜歡將居住生活與自然環境相結合，建築佈局向平面方向發展，除佛塔以外，高層建築較少，因此解決單層建築的結構問題，木材最為靈活自如，而且隨著使用的變化，改造木構建築也比較容易。同時，古人還受到一種傳統觀念的影響，即對建築的堅固程度採取相對的態度，即在使用期內的堅固，不要求建築物千年不朽。相較而言，人們更重視現實的實用要求，希望能在較短的施工期限內得到滿足，並希望建築物隨著時代的變化，經過改造後能很好地適應新的要求，這樣自然以木構建築最為合宜。

中國古代木構體系可以綜合地滿足各類建築不同的使用要求和藝術要求，大至宮殿、寺廟，小至民居、園林，以至高塔峻閣、橋樑、作坊，皆可靈活運用。現存許多世界馳名的優秀木構實例，如一千二百年前建造的唐代佛光寺大殿，一千年前建造的遼代獨樂寺觀音閣，九百多年前建造、高達66米的佛宮寺釋迦塔，六百年前建造、面積近2000平方米、現存古代最大的殿堂 —— 明長陵祾恩殿，都是膾炙人口的。

中國木構體系之所以應用範圍廣、持續時間長，主要的原因是它體現了標準化與多樣化相結合的原則。標準化的努力包括了模數概念、標準尺度等方面。至遲到唐朝已發現用栱的高度作為樑枋比例的基本母度，這就是初期的模數。宋《營造法式》一書中稱這種模數為"材"，而"材"又可分為十五分，以十分為其寬。材的大小有八等，根據建築類型之不同而分別採用。清代稱這種模數為"斗口"，計有十一種斗口等級，經學者研究，按宋代標準，建築物的間廣、椽架平長、柱高、升起、椽距、出簷、出際等有關建築設計的數據皆按材分制度加以規定，形成一定的標準尺度。按照材分制度建造房屋不僅加快了施工進度，而且還可保證各類規模的建築皆可取得和諧的輪廓與均衡的比例。

在推行標準化的同時，中國木構體系也非常注重建築形式的多樣變化。不僅在建築平面上可以簡單的個體單元靈活組合形成一字形、十字形、"冂"字形、曲尺形、"亞"字形，以及圓形、八方、扇面等形式，屋頂部分也可在廡殿、歇山、懸山、硬山四種基本形式的基礎上，演化出重簷、盝頂、抱廈、龜頭殿等形式，並組合成各種複雜的組合體（圖130）。至於門窗欞格、牆面雕飾、屋頂脊飾、壁畫彩繪等細部裝飾方面，更顯現出各個建築的特色。結構方面雖以抬樑式構架為主導形式，但同時也大量採用穿斗架、井幹架，以及懸挑、干闌等多種形式，施以磚牆、夯土、土坯、塊石、卵石等多種牆體材料。標準化及多樣化的努力使得各類古代建築之間不僅具有統一的民族風格，也表現出自身明顯的個性特徵。中國這套成熟的木構體系可以長期適應古代社會的

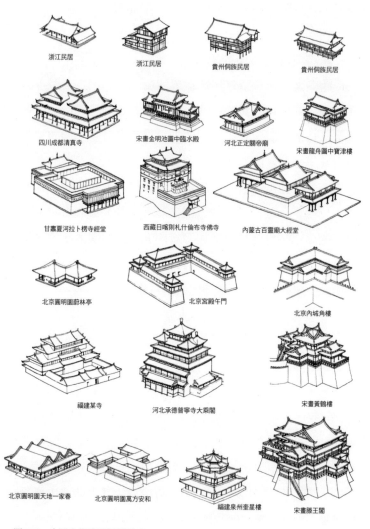

浙江民居　　　　浙江民居　　　　貴州侗族民居　　　貴州侗族民居

四川成都清真寺　　宋畫金明池圖中臨水殿　河北正定關帝廟　　宋畫龍舟圖中寶津樓

甘肅夏河拉卜楞寺經堂　西藏日喀則札什倫布寺佛寺　內蒙古百靈廟大經堂

北京圓明園蔚林亭　　　北京宮殿午門　　　　北京內城角樓

福建某寺　　　　河北承德普寧寺大乘閣　　　宋畫黃鶴樓

北京圓明園天地一家春　北京圓明園萬方安和　福建泉州奎星樓　　宋畫滕王閣

圖130：中國古代建築屋頂形式

需要，成為世界上應用時間很長久的結構體系之一。

建築與自然環境的結合

建築是人類改造自然的重要活動之一，但它又離不開自然環境，在環境條件的制約下進行，成功的建築活動改造並豐富了自然面貌。在這個問題上，東西方有著不同的意趣。西方建築強調建築物本身，著意創造純淨的建築體形環境，一座華貴的建築物、一組雄偉的建築羣，或是一條壯觀的街道，反映著人類巨大的物質創造能力，為大自然增色生輝，建築的出現為自然環境增加了新內容。而中國傳統的建築活動除了改造自然外，還強調與自然的結合，把建築組織到自然環境中去，提高整個環境的美學質量。

許多建築羣的選址基本上是對自然環境的選擇。名山中必有古寺，著名的寺院往往選擇在林木蔥鬱的山巒峰谷之中，滿山青翠透出一簇簇紅牆黑瓦，不僅不會破壞自然氣氛，反而增添了不少詩情畫意。杭州虎跑定慧寺（俗稱虎跑寺）、蘇州靈巖寺，以及武當、峨眉、青城、九華諸寺觀都是融合在大自然中的優秀建築創作（圖 131、圖 132）。陵墓建築更是密切結合自然條件，不管是因山為墳的秦驪山陵、唐乾陵，還是在羣山環繞中的明、清帝陵，都是藉著山巒靈秀之氣勢，增加陵墓建築的藝術魅力。

中國城市的選址固然受交通、物產、政治形勢、地理

圖131：浙江杭
州虎跑定慧寺

圖132：浙江餘
姚保國寺

位置的制約，但也考慮到自然環境之美。秦始皇營建咸陽城時，地跨渭河南北兩岸，渭北為咸陽宮，渭南建信宮及阿房宮，並“表南山之顛以為闕”，把山川都括入城市之中。元大都城也是以瓊華島太液池為基幹營建起來的。明代南京城的規劃中，除在城內包括了秦淮河、莫愁湖、獅子山、清涼山之外，還北臨長江，東依玄武湖，隔湖與鍾山相望，河湖秀麗，山勢峭拔，有著天然的景觀資源。

傳統的居住建築是依靠院落佈局來形成居住環境的，由四面房屋圍繞的院落本身即是良好的居住環境，夏季吃飯乘涼，進行生產活動，種植數株棗、柿，佈置一架葡萄藤蘿，花台上點綴數盆花木、盆景，把自然趣味完全引入生活之中。北方的富戶大宅還可在夏季搭設涼棚，使庭院成為有掩蔽的生活空間，如今現代化大賓館四季廳的意匠實際上可以說由此脫胎而來。較大的宅院尚可佈置單獨的花園，設一兩座花廳，作飲宴讀書之用。即使在政治氣氛最突出的故宮建築羣中，也要設置御花園、西花園、寧壽宮花園等，將自然環境滲透到建築組羣中去。

傳統的園林中也滲入了建築創作，在中國很難找到一座純自然環境的花園，許多美景都與建築融合了。園林建築也都是依託著自然環境而存在，高處建“閣”，峰迴路轉處設“亭”，臨水為“榭”，僻靜處造“館”，建築形式與自然環境成為相輔相成的內容。至於疊山、壘石、引水、聚池、架橋、開路、圍籬、設門等，無不是人類生活與自然環境具體結合的產物，只不過在園林中把它們藝術化地概括、提高了，甚至建築密度極高的小園林中也同樣富於自然的氣氛。現代建築的發展也已經開始注意這方面的問題，把建築設計提升到環境設計的高度。

就地取材，因材致用

建築活動是一項需要巨大財力及眾多材料的社會活動，在某個時期，建築材料會成為推動或制約建築發展的重要因素。由於建築活動用料極多，故必須注意材料的普遍性和經濟性。中國傳統建築因貫徹了"就地取材"和"因材致用"的原則，才保證了中國古代建築傳統悠久的發展歷史。

一般人認為歐美古代建築是磚石的藝術品，而中國建築是木材的藝術品，代表著不同的藝術風格。但若提高來看，在木構的中國古代主流建築中，實際包含著土、木、磚、石並舉的用材原則。從已知的考古材料可知，商、周、秦、漢時期，夯土建築是異常發達的，重要建築的高大台基都是夯土築成，宮殿台榭亦是以土台作為建築基底，至今福建客家人三四層住宅的外牆仍用夯土築成。封建後期製磚技術成熟以後，型磚成為建築結構材料，各種磚製城台、券門以及無樑殿出現了。清水磚牆又發展了磨磚、刻磚藝術。長期以來，石材也是一種經濟、易得、量大的材料，在封建時代早期已開始用於墳墓中，以後又廣泛用在佛塔等高層建築上，由於石材表面可做細緻的雕飾，因此在基座、陛石、石柱等處成為美化建築裝飾的突出部位。至於華表、象生、望柱、經幢等單獨的雕飾品更為古代建築的美化增添了光彩。青海、西藏地區的藏族人民住宅以塊石為牆（圖133），廣東、浙江山村以卵石為牆，福建晉江以條石為牆，浙江紹興以石板為牆，這些都形成了極富於藝術性的地方特色。防水材料方面有青瓦、琉璃瓦、青棍瓦等。粉刷材料有白灰、青灰、紅土等。裝修用的建築材料更為豐富，有毛邊紙、高麗紙、

圖 133：西藏拉薩藏族民居

銀花牆紙等各種紙類；有錦、緞、紗、羅等紡織品；有編竹、竹篾等竹材；還有各種硬木、銅、錫、玉石、琺瑯、蚌殼等裝飾材料。西藏地區喜歡用當地出產的邊麻草裝飾牆頂，新疆維吾爾族地區喜歡用石膏花裝飾室內空間，這都是因地制宜、因材致用的例子。可見材料本無貴賤，全在應用得宜。

絢麗多姿的色彩

西方古典建築注重色調，建築往往由單一的材料和統一的顏色形成純樸的藝術風貌。如希臘神廟以潔白的大理石為主色，埃及神廟以黃色花崗石為基調。而中國古代建築可以說是五顏六色交相融會的建築，這一點與伊斯蘭教建築有類似之處。

中國建築色彩運用在建築的屋頂、牆身、木構、門窗等各部位。關於屋面修飾方面，戰國時代在屋瓦上即塗飾紅土粉，北魏時期開始應用琉璃瓦，至明、清大盛，瓦色發展為黃、綠、藍、白、黑、紫、紅、褐等各種顏色（其中紅色琉璃瓦沒有使用過），喇嘛教建築中還盛行用鎏金銅瓦做屋面，顏色更為璀璨。即使一般民居，屋面也要塗刷月白漿、松煙粉修飾簷頭。牆身色彩除了磚、石、土的材料本色以外，塗料尚有青白灰、紅土粉、黃粉等不同顏色。門窗塗朱是秦、漢以來的習慣做法，並以青綠塗畫門戶邊框。明、清貼金之法以裝飾門釘及欞花窗格，更增華貴之氣質。

木構件的色彩裝飾也是由來已久，古代有"屋不呈材，牆不露形"的記述，估計當時是以織物的帳、帷、幔、幕裝點室內，而後進一步將彩畫圖案直接塗飾在木構件上。宋代彩畫尚多有寫生之遺意，包括花草寫生及飛天人物等題材；明清以降，改為程式化的旋子彩畫，裝飾意味更強。彩畫設色上交替使用青、綠、黃、朱等冷暖顏色，又以黑、白、金色為分界線，不使其相混，創造了既有強烈對比效果，又有一定基調傾向的絢麗彩色圖案。彩畫藝術可以說是古代建築藝術中獨具東方特色的藝術之一。

建築藝術屬於創造形式美的藝術。不同民族的審美趣味，以及對於形式美學的思維邏輯各不相同，因之各民族藝術所表現出來的形式風格也各有其特點。雖然社會生產力及科技的進步可以讓全世界人民更好地相互了解，並統一對事物的認識，但始終不能消除民族藝術的獨立特點。當今世界各國的建築師都在努力探索中華民族的傳統建築藝術特色，用之於新建築，以期更好地為人民所欣賞和接受。我們相信，真正的民族藝術特色的不斷發展，定會為繁榮新一代的建築藝術做出有益的貢獻。

責任編輯　　楊　昇

封面設計　　吳冠曼

書　　名　中國古代建築小史

著　　者　孫大章

出　　版　三聯書店（香港）有限公司

　　　　　香港北角英皇道 499 號北角工業大廈 20 樓

　　　　　Joint Publishing (H.K.) Co., Ltd.

　　　　　20/F., North Point Industrial Building,

　　　　　499 King's Road, North Point, Hong Kong

香港發行　香港聯合書刊物流有限公司

　　　　　香港新界大埔汀麗路 36 號 3 字樓

印　　刷　中華商務彩色印刷有限公司

　　　　　香港新界大埔汀麗路 36 號 14 字樓

版　　次　2018 年 10 月香港第一版第一次印刷

規　　格　特 16 開（145 × 210 mm）304 面

國際書號　ISBN 978-962-04-4292-6

　　　　　© 2018 Joint Publishing (H.K.) Co., Ltd.

　　　　　Published in Hong Kong